열정의 비전 메이커 오정현 목사는
한 사람을 그리스도 안에서 온전한 제자로 세우는 제자훈련을 목회철학으로 삼고
'제자훈련의 국제화'와 '한국 교회 제2의 부흥'을 위해 쉬지 않고 달려가고 있다.
현재 사랑의교회 담임목사이다.

오정현 다락방 시리즈 8

여호수아

초판 1쇄 발행 2015년 8월 30일
초판 4쇄 발행 2026년 1월 30일

지은이 오정현

펴낸이 박주성
펴낸곳 국제제자훈련원
등록번호 제2013-000170호(2013년 9월 25일)
주소 서울시 서초구 효령로 68길 98 (서초동)
전화 02-3489-4300 **팩스** 02-3489-4329
E-mail dmipress@sarang.org

표지 이미지 빈센트 반 고흐, 「Wheat Fields after the Rain」(1890)

ISBN 978-89-5731-697-9 04230

※ 책값은 뒤표지에 있습니다. 잘못된 책은 구입하신 곳에서 교환해 드립니다.

국제제자훈련원은 건강한 교회를 꿈꾸는 목회의 동반자로서 제자 삼는 사역을 중심으로
성경적 목회 모델을 제시함으로 세계 교회를 섬기는 전문 사역 기관입니다.

소그룹 성경 공부 교재

여호수아

오정현 지음

오정현 다락방 시리즈 8

여호수아

약속의 땅을 오직 순종으로 정복하는 믿음의 모험기

오정현 지음

국제제자훈련원

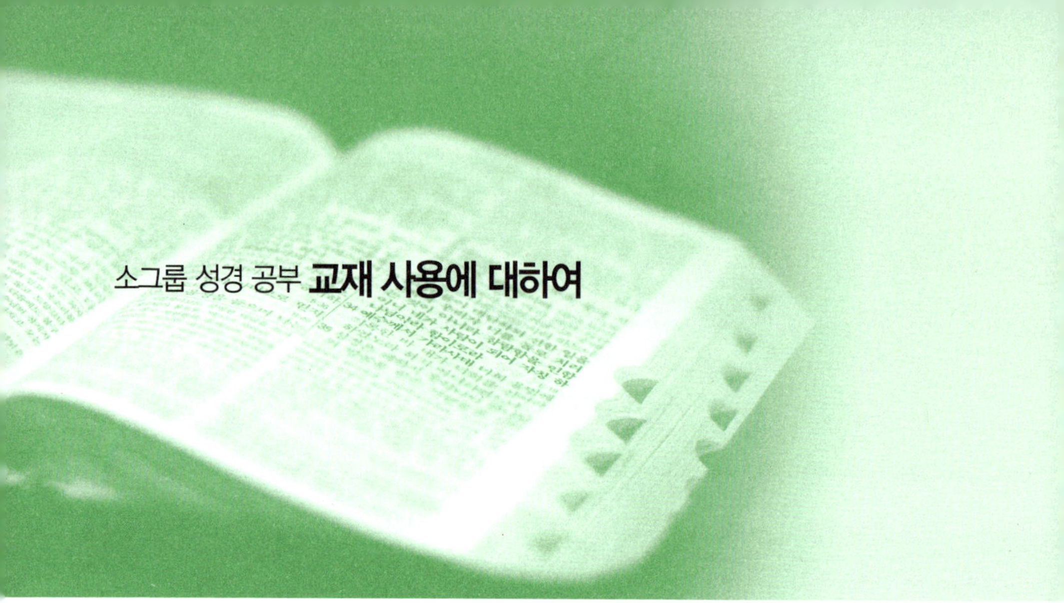

소그룹 성경 공부 **교재 사용에 대하여**

제자훈련의 열매는 훈련된 평신도 지도자들이 사역하는 소그룹(구역, 다락방, 셀, 목장)이라 할 수 있다. 소그룹이란 성도 간에 아름다운 사랑의 교제를 나누며, 말씀 안에서 영적으로 성숙해가도록 서로 돕고, 믿지 않는 사람들을 초청하여 복음을 나누는 작은 단위의 공동체이다. 소그룹은 하나님의 말씀에 기초한다. 그러므로 각자의 삶을 드러낼 수 있도록 돕고, 변화되어야 할 삶의 목표를 분명하게 제시할 수 있는 좋은 교재가 마련되면 소그룹을 운영하는 데 큰 도움을 얻는다. 그러나 분주한 목회자의 입장에서는 직접 교재를 만든다는 것이 그리 쉬운 일이 아니다. 이런 어려움을 해결할 수 있도록 돕기 위해 마련된 것이 '오정현 다락방 시리즈'이다.

본 시리즈를 사용하는 데 있어 다음 몇 가지를 참고하기 바란다.

1 이 교재는 소그룹에서 귀납적인 방법으로 성경을 공부하기 위해 만든 것이다. 즉, 성경의 가르침을 일방적으로 주입하는 대신 충분한 토의를 통해 구성원들의 생각을 먼저 정리하고 그것을 성경의 가르침과 비교하도록 구성되어 있다. 결코 해답 베껴 쓰기 식의 공부가 되지 않도록 해야 한다. 서툴더라도 자기 인식과 활발한 토의 참여로 생생한 결론이 나올 수 있도록 해야 한다. 따라서 지도자는 소그룹 환경에서 귀납적 방법으로 성경을 공부하는 것이 무엇인지를 반드시 먼저 배워야 한다.

2 이 교재는 교역자가 매주 소그룹 지도자들을 먼저 예습시킨 다음 사용하게 해야 바람직한 효과를 기대할 수 있다. 소그룹 지도자가 공부할 내용을 충분히 이해해야 한다. 그냥 교재만 던져주고 마음대로 사용하게 하는 것은 좋지 않다.

3 소그룹에 참석하는 구성원들은 반드시 예습을 하도록 권장해야 한다.

4 한 과를 공부하는 데에는 한 시간 이상이 필요하다. 그러므로 각 문제에 따라 답만 찾아보고 넘어가야 할 것과 충분한 토의를 통해 진지하게 적용할 것을 잘 구별해서 진행하는 것이 중요하다.

인생의 절벽을 하나님과 함께 돌파하는 믿음의 용장이 되기를

흔히 사람들은 여호수아서를 리더십의 책이라 말하지만, 그것은 이 책이 주는 작은 선물일 뿐입니다. 페이지마다 어린아이의 감탄과 젊은이의 용기와 장년의 전략과 노년의 지혜가 보석처럼 넘쳐나고 있습니다.

어쩌면 C. S. 루이스가 여호수아서를 보면서 《나니아 연대기》에 대한 통찰을 얻지 않았을까 생각될 만큼 곳곳마다 감춰진 수많은 은혜의 문들이 우리를 기다리고 있습니다. 이 책을 제대로 읽기 위해 정말 필요한 것은 영적 상상력, 거룩한 상상력, 순수한 아이의 무한한 상상력입니다. 이런 상상력을 가진 자들은 사랑하는 자녀에게 주시는 아버지의 숨겨진 선물꾸러미처럼 더 큰 은혜, 가슴 벅찬 감동을 체감할 것입니다. 그러므로 장을 열 때마다 거룩한 상상력으로 은혜의 유영(游泳)을 마음껏 펼칠 수 있기를 바랍니다. 하나님의 장엄한 임재와 무한한 능력과 뇌성 같은 선포와 격동하는 심정을 만져보고 느낄 수 있을 것입니다.

신앙의 지혜를 이처럼 실감 나게 만져보고 배우고 삶에 적용시킬 수 있는 축복된 여호수아 말씀을 함께 나눌 수 있었던 것은 저와 교회에게 큰 축복이었습니다.

이 책을 통해 다락방의 문을 열 때마다 여호수아가 되고, 이스라엘 백성이 되어서 지금 눈앞에서 펼쳐지는 거룩한 전쟁터에서 거룩한 긴장으로, 거룩한 설렘으로, 거룩한 흥분으로 절박하게 기도하고, 마음껏 기뻐하고, 때로는 가슴 터지는 감격과 찬양이 있기를 바랍니다.

그리하여 다락방이 끝날 때에는 모든 순장과 순원들이 하나님의 명령에 절대 순종하는 용사가 되어 이제 그 어떤 인생의 강과 인생의 절벽을 만나더라도 믿음으로 발을 내딛는, 세상이 감당할 수 없는 용장(勇將)이 되어 있기를 소망합니다.

사랑의교회 오정현 목사

차례_

Lesson 1

인생의 위기 앞에 선 신앙인에게 무엇보다 중요한 것은?

여호수아 1:1~9

1 여호와의 종 모세가 죽은 후에 여호와께서 모세의 수종자 눈의 아들 여호수
아에게 말씀하여 이르시되
2 내 종 모세가 죽었으니 이제 너는 이 모든 백성과 더불어 일어나 이 요단을
건너 내가 그들 곧 이스라엘 자손에게 주는 그 땅으로 가라
3 내가 모세에게 말한 바와 같이 너희 발바닥으로 밟는 곳은 모두 내가 너희에
게 주었노니
4 곧 광야와 이 레바논에서부터 큰 강 곧 유브라데 강까지 헷 족속의 온 땅과
또 해 지는 쪽 대해까지 너희의 영토가 되리라
5 네 평생에 너를 능히 대적할 자가 없으리니 내가 모세와 함께 있었던 것같이
너와 함께 있을 것임이니라 내가 너를 떠나지 아니하며 버리지 아니하리니
6 강하고 담대하라 너는 내가 그들의 조상에게 맹세하여 그들에게 주리라 한
땅을 이 백성에게 차지하게 하리라
7 오직 강하고 극히 담대하여 나의 종 모세가 네게 명령한 그 율법을 다 지켜
행하고 우로나 좌로나 치우치지 말라 그리하면 어디로 가든지 형통하리니
8 이 율법책을 네 입에서 떠나지 말게 하며 주야로 그것을 묵상하여 그 안에
기록된 대로 다 지켜 행하라 그리하면 네 길이 평탄하게 될 것이며 네가 형
통하리라
9 내가 네게 명령한 것이 아니냐 강하고 담대하라 두려워하지 말며 놀라지 말
라 네가 어디로 가든지 네 하나님 여호와가 너와 함께하느니라 하시니라

마음의 문을 열며

건강한 신앙생활은 하나님께서 나에게 약속하신 것은 무엇이며, 내가 그 약속을 붙잡고 순종해야 하는 것은 무엇인지를 파악하는 것에서 시작합니다. 하나님의 약속을 믿지 못하고 내 마음대로 하는 제멋대로의 신앙도 문제지만, 하나님의 약속을 자기중심적으로 생각한 채 모든 것을 하나님께 미루는 무책임한 신앙도 위험합니다. 성숙하지 못한 신앙은 이 둘을 혼동하거나 한쪽으로 치우칠 때 일어나기 마련입니다. 하나님께서 하실 일을 내가 할 수 있는 것처럼 하는 것은 영적 월권이요, 내가 해야 할 일을 하나님께 맡기는 것은 영적 태만입니다.

여호수아서의 장엄한 문을 여는 본문은 우리의 헝클어진 삶의 실타래를 푸는 열쇠를 제시하고 있습니다. 본문에 나타난 하나님의 약속과 실행, 인간의 믿음과 순종이라는 두 가지는 신앙인의 삶을 움직이는 두 바퀴와 같으며 여호수아서 전체를 받치고 있는 튼실한 기둥이라고 할 수 있습니다. 이 두 개의 기둥을 내 삶의 초석으로 삼고 일평생 말씀의 궤도에서 이탈하지 않도록 힘 있게 살아가는 원천을 가슴에 담는 시간이 되기를 바랍니다.

말씀의 씨를 뿌리며

1 모세가 죽은 후에 하나님께서 여호수아에게 말씀하신 첫 번째 명령은 무엇입니까?

• 2절

2 지금까지 모세의 수종자로서 살아왔던 여호수아에게 이스라엘 백성들을 인도하라는 하나님의 명령은 여호수아에게 감당하기 어려운 무거운 짐이었을 것입니다. 하나님께서 여호수아에게 수백만 이스라엘 백성들을 데리고 가나안 땅으로 들어가라고 명령하시며 그에게 주신 약속의 말씀에서 강조된 것들을 말해보세요.

• 3~5절

3 지금 여호수아 앞에는 요단 강이 흐르고 있습니다. 그리고 요단 강 건너편에는 거인 같은 족속들이 전쟁을 준비하고 있습니다. 그러므로 여호수아가 맞선 상황은 하나같이 가슴을 죄는 두려운 것들이었습니다. 하나님께서 이러한 여호수아에게 내리신 두 번째 명령은 무엇이며, 왜 이런 명령을 내리셨는지 이야기해보세요.

• 6절

4 여호수아에게 “강하고 담대하라”는 명령을 6절, 7절, 9절에서 세 번씩이나 거듭 말씀하신 이유는 그만큼 여호수아가 직면한 상황이 두렵고 어려운 것임을 보여주고 있습니다. 그렇다면 여호수아는 무엇을 위하여 강하고 담대해야 했을까요? 구체적으로 설명해보세요.

• 7~8절

5 하나님은 여호수아에게 율법을 지키기 위해 강하고 담대하라고 말씀하십니다. 그렇게 말씀하신 이유는 무엇입니까? 하나님의 말씀을 지키기 위해 강하고 담대해야 한다는 말씀이 당신에게는 어떻게 다가오는지 나누어보세요.

6 다음 글을 읽고 신앙생활에서 우리 영혼을 살찌우기 위해 가장 필요한 것이 무엇인지 생각해봅시다.

전도자로 유명한 D. L. 무디가 처음 예수님을 믿고, 거듭난 후 하나님 앞에서 온전하게 살기로 서약했음에도 현실에서 그의 신앙은 넘어지기를 반복했습니다. 이래서는 안 되겠다고 생각한 무디는 조용한 곳으로 들어가 기도를 했습니다. 기도 중에 어떤 때는 하늘의 신령한 은혜가 그를 휩싸기도 했고, 하늘의 신기한 복이 자기 심령에 물밀듯 쏟아졌습니다. '아, 이제 나는 됐다!' 생각하고 집으로 돌아왔는데, 그 은혜가 한 달을 못 갔습니다. 그래서 '아하, 혼자는 안 되겠구나! 유명한 부흥 목사님으로부터 은혜를 받아야겠다'라고 생각한 무디는 부흥 집회마다 쫓아다녔습니다. 그러던 어느 날 깊은 은혜를 체험했습니다. "그러면 그렇지. 내가 이제 이런 귀한 은혜 속에서 승리의 삶을 영위하리라." 그러고 나서 한두 주일 지나고 나자, 또 비참한 자기를 보게 되었고, 또 넘어져 있었습니다. 그래서 무디는 스스로 탄식하기를 '나는 화인 맞은 양심인가 보다. 성경 속의 비유에 나타나는 길가의 마음처럼 씨가 자라지 못하는 마음인가 보다' 이렇게 자기 스스로에게 낙담했습니다. 그러던 어느 날 문득 펴든 성경이 로마서 10장 17절이었습니다. "그러므로 믿음은 들음에서 나며 들음은 그리스도의 말씀으로 말미암았느니라." 그래서 무디는 말씀을 읽기 시작했습니다. 누구보다도 평범한 무디가 말씀 속에서 영혼의 강건함을 누리면서 미국의 정신사를 바꾸는 위대한 무디로 변하기 시작한 것입니다.

7 이스라엘 백성들처럼 지금 우리 앞에도 건너야만 하는 인생의 깊은 요단 강이 있습니다. 그 건너편에는 아낙 자손처럼 인간적으로는 도무지 감당할 수 없는 거대한 장벽이 놓여 있습니다. 그런데 하나님은 우리에게 그 상황을 돌파하기 위해 먼저 말씀을 읽고 듣고 묵상하고 지키는 일에 전심전력을 다하라고 하십니다. 커다란 인생의 문제 앞에서 어떻게 하면 우선순위를 말씀에 두고 지킬 수 있을까요? 당신은 이 같은 경험을 한 적이 있습니까?

삶의 열매를 거두며

삶의 위기를 맞았을 때 나를 두렵게 하는 문제나 그 상황을 뛰어넘어 계시는 하나님을 직시한다는 것은 결코 쉬운 일이 아닙니다. 그러나 하나님은 여호수아에게 명령하시고 약속하신 것처럼, 지금 우리를 향해서도 "요단 강을 건너가라! 강하고 담대하라!"고 명령하시고, 말씀에 순종하기만 하면 "약속의 땅을 주겠다" "언제나 너와 함께하겠다"고 분명하게 선포하고 계십니다. 세상으로 향하는 눈을 거두고 하나님께서 주신 약속의 말씀에 귀를 기울여야 합니다. 당신을 두렵게 하는 것이 무엇이든지 간에, 하나님의 말씀에 절대 순종하며 그것을 지킬 결심과 넘실대는 요단 강에 믿음의 발을 내딛을 담대함을 달라고 기도하십시오.

Lesson 2

약속의 땅을 위한 새로운 팀워크

여호수아 1:10~18

10 이에 여호수아가 그 백성의 관리들에게 명령하여 이르되
11 진중에 두루 다니며 그 백성에게 명령하여 이르기를 양식을 준비하라 사흘
안에 너희가 이 요단을 건너 너희의 하나님 여호와께서 너희에게 주사 차지
하게 하시는 땅을 차지하기 위하여 들어갈 것임이니라 하라
12 여호수아가 또 르우벤 지파와 갓 지파와 므낫세 반 지파에게 말하여 이르되
13 여호와의 종 모세가 너희에게 명령하여 이르기를 너희의 하나님 여호와께서
너희에게 안식을 주시며 이 땅을 너희에게 주시리라 하였나니 너희는 그 말
을 기억하라
14 너희의 처자와 가축은 모세가 너희에게 준 요단 이쪽 땅에 머무르려니와 너
희 모든 용사들은 무장하고 너희의 형제보다 앞서 건너가서 그들을 돕되
15 여호와께서 너희를 안식하게 하신 것같이 너희의 형제도 안식하며 그들도
너희의 하나님 여호와께서 주시는 그 땅을 차지하기까지 하라 그리고 너희
는 너희 소유지 곧 여호와의 종 모세가 너희에게 준 요단 이쪽 해 돋는 곳
으로 돌아와서 그것을 차지할지니라
16 그들이 여호수아에게 대답하여 이르되 당신이 우리에게 명령하신 것은 우리
가 다 행할 것이요 당신이 우리를 보내시는 곳에는 우리가 가리이다
17 우리는 범사에 모세에게 순종한 것같이 당신에게 순종하려니와 오직 당신의
하나님 여호와께서 모세와 함께 계시던 것같이 당신과 함께 계시기를 원하
나이다
18 누구든지 당신의 명령을 거역하며 당신의 말씀을 순종하지 아니하는 자는
죽임을 당하리니 오직 강하고 담대하소서

마음의 문을 열며

신앙 공동체와 일반 공동체의 차이는 '하나님 중심성'에 달려 있습니다. 세상에는 명목상의 기독교 공동체가 많이 있지만, 시작과 그 과정과 끝이 하나님을 위해, 하나님에 의해, 하나님으로 결정되는 실질적인 신앙 공동체는 많지 않습니다. '하나님 중심성'을 갖는다는 것은 말처럼 쉬운 일이 아닙니다. 사적인 이익보다 공동체의 유익을 앞세우고, 나 자신보다 하나님을 최우선 순위에 두는 것은 자기희생이 없으면 불가능합니다. 오늘 본문은 하나님을 믿는 신앙 공동체가 어떠해야 하는지 그 진면목을 보여주고 있습니다.

모든 신자의 은혜는 공동체의 축복에서 비롯되기에 신앙 공동체는 매우 중요합니다. 공동체의 토대 위에 기초하지 않은 개인적 신앙은 언제 무너질지 모르는 사상누각의 위험을 안고 있습니다.

오늘 말씀을 통해 이끄는 자와 따르는 자가 하나님의 공동체를 어떻게 세우는지 살피면서 은혜의 주류에 단단히 발을 내딛게 되기를 바랍니다.

말씀의 씨를 뿌리며

1 하나님의 약속과 명령을 받은 여호수아가 이스라엘 지도자에게 내린 첫 번째 명령은 무엇이며, 그들을 향한 하나님의 약속은 무엇입니까?

- 11절

2 여호수아가 이스라엘 백성들에게 양식을 준비하라고 명령한 말에는 어떠한 의미가 담겨 있다고 생각합니까?

- 수 5:12

- 출 16:35

3 여호수아가 르우벤 지파와 갓 지파와 므낫세 반 지파에게 명령한 것은 무엇입니까?

- 14~15절

4 이들 지파에게 명령한 것은 이미 모세가 광야에서 그들에게 말한 것입니다. 여호수아의 명령에 대한 그들의 대답 속에서 온전한 신앙 공동체의 팀워크의 비결을 찾을 수 있습니다. 그 내용은 무엇이며, 그들이 이렇게 말한 이유는 무엇이라고 생각합니까?

• 16절

• 민 32:25~27

5 하나님의 공동체는 이끄는 자와 따르는 자 모두, 하나님 중심으로 행할 때 바로 세워집니다. 여호수아와 이스라엘 백성들이 하나님을 삶의 중심에 두고 있는 구절들을 본문에서 찾아 적어보고, 그렇게 생각하는 이유를 말해보세요.

6 다음 글을 읽고 팀워크의 중요성을 생각해봅시다.

트리니티 강에서 보트를 타던 나는 그때껏 한 번도 보지 못한 광경을 목도하게 되었다. 야생 멧돼지 한 무리가 강둑을 따라 달려오더니, 진흙투성이인 트리니티 강의 급류 속에 뛰어들어 강을 가로질러 수영하기 시작했다. 그런데 그들이 올라가려 하는 건너편 강둑의 경사는 완전히 90도였다. 나는 멧돼지 떼가 분명 강둑 위로 올라가지 못할 뿐 아니라 물속에 빠져 죽을 것이라고 확신했다.

그 멧돼지들은 커다란 어금니를 갖고 있었으므로 멀리 떨어져서 지켜봐야 했는데, 작은 멧돼지들은 과연 강둑을 기어오르지 못했다. 그런데 암컷들과 어른 멧돼지들이 발굽을 강둑에 걸치며 강가에 쫙 달라붙고, 작은 새끼 멧돼지들이 어미 등에 기어올라 강둑으로 안전하게 점프하는 것 아닌가! 멧돼지들은 모두 성공했다. 나는 믿을 수가 없었다. 야생 멧돼지조차도 팀워크의 중요성을 알고 있었던 것이다.[1]

7 신앙 공동체는 혼자 세울 수 없습니다. 이끄는 자와 따르는 자 모두, 하나님을 중심으로 함께 세우는 것입니다. 이끄는 자에 대해 따르는 자가 갖추어야 할 두 가지 원리를 찾아보고, 자신의 삶에서 어떻게 적용할 수 있는지 나누어보세요.

• 17~18절

삶의 열매를 거두며

하나님 말씀에 순종하는 사람이 다른 사람을 잘 인도할 수 있습니다. 이것이 여호수아의 리더십이 보여주는 핵심입니다. 신앙 공동체에서는 섬기는 자가 높은 자요, 이끄는 자입니다. 그러므로 가정에서나 교회에서 이끄는 자가 되기 위해서는 먼저 하나님께 순종하고, 형제를 섬기는 자가 되어야 합니다.

공동체의 동맥경화는 순종과 섬김이 순환되지 못하기 때문에 발생합니다. 여호수아의 리더십을 갖추기 원한다면 먼저 하나님의 말씀에 얼마나 순종하고 있는지를 살펴야 하고, 이스라엘 백성들이 받은 복을 원한다면 얼마나 리더십에 대해서 순종하고 지도자를 격려하고 있는지 점검해보아야 합니다. 건강한 공동체의 팀워크를 위해 이끄는 자로서는 하나님의 말씀에 대한 순종을 결심하고, 따르는 자로서는 영적 리더십에 대해 순종하고 격려할 것을 다짐하는 기도를 드립시다.

Lesson 3

영적 전쟁을 위해 쓰임받는 사람

여호수아 2:1~11

1 눈의 아들 여호수아가 싯딤에서 두 사람을 정탐꾼으로 보내며 이르되 가서
그 땅과 여리고를 엿보라 하매 그들이 가서 라합이라 하는 기생의 집에 들
어가 거기서 유숙하더니
2 어떤 사람이 여리고 왕에게 말하여 이르되 보소서 이 밤에 이스라엘 자손
중의 몇 사람이 이 땅을 정탐하러 이리로 들어왔나이다
3 여리고 왕이 라합에게 사람을 보내어 이르되 네게로 와서 네 집에 들어간
그 사람들을 끌어내라 그들은 이 온 땅을 정탐하러 왔느니라
4 그 여인이 그 두 사람을 이미 숨긴지라 이르되 과연 그 사람들이 내게 왔었
으나 그들이 어디에서 왔는지 나는 알지 못하였고
5 그 사람들이 어두워 성문을 닫을 때쯤 되어 나갔으니 어디로 갔는지 내가
알지 못하나 급히 따라가라 그리하면 그들을 따라잡으리라 하였으나
6 그가 이미 그들을 이끌고 지붕에 올라가서 그 지붕에 벌여놓은 삼대에 숨겼
더라
7 그 사람들은 요단 나루터까지 그들을 쫓아갔고 그들을 뒤쫓는 자들이 나가
자 곧 성문을 닫았더라
8 또 그들이 눕기 전에 라합이 지붕에 올라가서 그들에게 이르러
9 말하되 여호와께서 이 땅을 너희에게 주신 줄을 내가 아노라 우리가 너희를
심히 두려워하고 이 땅 주민들이 다 너희 앞에서 간담이 녹나니
10 이는 너희가 애굽에서 나올 때에 여호와께서 너희 앞에서 홍해 물을 마르게
하신 일과 너희가 요단 저쪽에 있는 아모리 사람의 두 왕 시혼과 옥에게 행
한 일 곧 그들을 전멸시킨 일을 우리가 들었음이니라
11 우리가 듣자 곧 마음이 녹았고 너희로 말미암아 사람이 정신을 잃었나니 너희
의 하나님 여호와는 위로는 하늘에서도 아래로는 땅에서도 하나님이시니라

마음의 문을 열며

이 땅에 태어나서 가장 의미 있게 사는 사람은 누구입니까? 입장과 처지에 따라서 여러 가지 대답이 있을 수 있습니다. 한세상 마음껏 자신의 야망을 펼치며 사는 사람, 물질적으로 부귀영화를 누리며 풍족하게 사는 사람, 혹은 다른 사람을 위해 자신을 내어놓는 사람….

그러나 기독교는 의미 있는 인생과 의미 없는 인생의 구분을 하나님께 쓰임받는 사람과 그렇지 못한 사람으로 나누고 있습니다. 세상적으로 어떤 위대한 삶을 살았다 해도 하나님께 쓰임받지 못하는 인생은 하나님의 저울에서 어떤 무게도 나가지 않는 사람입니다. 그러나 세상적으로 보잘것없어 보이는 인생이라도 하나님께 쓰임받는 인생은 하나님의 저울에서 큰 무게가 나가는 사람입니다.

지금 당신의 삶은 어떠합니까? 하나님께 쓰임받는 인생으로 살아가고 있습니까? 오늘 본문을 통해 어떤 사람이 하나님께 쓰임받는 사람인지에 대해 눈이 열려 당신의 삶에 진정 누수 없이 사는 은혜의 대로가 열리는 시간이 되기를 바랍니다.

말씀의 씨를 뿌리며

1 여호수아가 정탐꾼에게 명령한 것은 무엇이며, 정탐꾼의 소식을 들은 여리고 왕은 어떻게 반응했습니까?

• 1a절

• 3절

2 정탐꾼은 여리고의 기생 라합의 집에 머무르며 그 땅과 여리고의 정황을 살폈습니다. 라합이 자신의 집에 유숙해 있는 정탐꾼들을 숨겨준 이유를 찾아보세요.

• 9절

3 기생 라합이 소문을 듣고 깨닫고 이해했던 하나님은 어떤 분이었습니까? 구체적으로 이야기해보세요.

• 10~11절

4 라합은 인간적으로 보면 도무지 하나님께 쓰임받기 어려운 사람이었습니다. 어떤 점에서 그런지 다음 구절들 속에서 그 이유를 찾아보세요. 여러 불리한 조건에도 불구하고 하나님께 쓰임받은 라합을 볼 때, 하나님께서 사람을 쓰시는 첫째 조건은 무엇이라고 생각합니까? (참고/ 롬 10:10)

- 1절

- 11b절

5 신앙인은 하나님을 이해하고 깨닫는 만큼 앞으로 나아갑니다. 라합은 하나님에 대한 이해와 지각이 그만큼 깊었기에 자신의 목숨을 담보로 하면서까지 정탐꾼을 숨겨줄 수 있었습니다. 당신은 지금 하나님을 위해 자신을 내어놓는 삶을 살고 있습니까? 수천 년 전 라합이 소문만 듣고 하나님을 이해한 것보다, 성경을 손에 쥐고 있는 당신이 하나님에 대해 더 깊고 넓게 안다고 말할 수 있습니까? (참고/ 약 2:25~26)

6 다음은 성경에 기록된 하나님의 쓰임을 받은 인물들입니다. 그들이 쓰임받기 전의 모습과 쓰임받은 후의 모습을 비교해보면서, 어떠한 사람이 하나님의 쓰임을 받는지 생각해보세요.

아브라함은 두려움 많은 나약한 인간이었으나 믿음의 조상, 많은 민족의 아버지가 되었다.
야곱은 속이는 자였으나 그 이름이 하나님과 겨루어 이김을 뜻하는 이스라엘이 되었다.
모세는 입이 뻣뻣하고 혀가 둔한 자였으나 출애굽 역사를 이끈 해방자가 되었다.
여호수아는 모세의 시종이었으나 가나안을 정복한 여호와의 종이 되었다.
드보라는 한 남자의 아내였으나 한 나라의 사사가 되었다.
기드온은 아비 집에서 제일 작고 소심한 자였으나 하나님이 쓰시는 큰 용사가 되었다.
다윗은 무명의 목동이었으나 하나님 마음에 합한 왕이 되었다.
에스더는 패망한 국가의 고아였으나 왕비가 되어 유대 민족을 구하였다.
마리아는 무명의 시골 처녀였으나 하나님의 아들을 낳게 되었다.
세례 요한은 메뚜기와 석청을 먹으며 광야에서 살았으나 예수님의 도래를 알리는 선구자가 되었다.
베드로는 어부였으나 위대한 복음 전도자로서 사람을 낚는 어부가 되었다.[2)]

7 하나님께 쓰임받는 사람의 조건은 좋은 신분이나 혈연, 사회적 지위에 있지 않고 하나님을 아는 지식과 그것을 삶으로 실천하는 것에 달려 있습니다. 이것이 기생 라합의 삶이 우리에게 주는 진정한 교훈입니다. 라합보다 하나님에 대한 지식이 더 많음에도 불구하고 자신을 드리지 못하고 있다면 그 이유는 무엇이라고 생각합니까? 하나님에 대한 지식을 삶으로 실천하기 위해 당신에게 필요한 것은 무엇입니까?

삶의 열매를 거두며

기생 라합은 오늘날 66권으로 된 온전한 성경을 가지고 있는 우리에 비해 하나님을 아는 지식이 지극히 적었을 것입니다. 그럼에도 라합은 그 적은 지식에 자신의 믿음을 세우고 하나님께 쓰임받았습니다. 우리가 라합보다 하나님을 훨씬 많이 알고 있음에도 삶 속에서 하나님께 쓰임받지 못하는 이유는, 우리의 전 지각과 오감이 하나님을 향해 깨어 있지 못해서입니다. 하나님께 쓰임받는 인생이 되기 위한 당신의 결심은 무엇입니까? "주님, 저를 하나님의 신실한 도구로 사용해주십시오. 주님을 향한 꿈이 불같이 타오르게 하옵소서"라고 결심하는 기도를 드립시다.

Lesson 4

누가 생명을 구하는 인생을 사는가?

여호수아 2:12~24

12 그러므로 이제 청하노니 내가 너희를 선대하였은즉 너희도 내 아버지의 집
을 선대하도록 여호와로 내게 맹세하고 내게 증표를 내라
13 그리고 나의 부모와 나의 남녀 형제와 그들에게 속한 모든 사람을 살려주어
우리 목숨을 죽음에서 건져내라
14 그 사람들이 그에게 이르되 네가 우리의 이 일을 누설하지 아니하면 우리의
목숨으로 너희를 대신할 것이요 여호와께서 우리에게 이 땅을 주실 때에는
인자하고 진실하게 너를 대우하리라
15 라합이 그들을 창문에서 줄로 달아 내리니 그의 집이 성벽 위에 있으므로
그가 성벽 위에 거주하였음이라
16 라합이 그들에게 이르되 두렵건대 뒤쫓는 사람들이 너희와 마주칠까 하노
니 너희는 산으로 가서 거기서 사흘 동안 숨어 있다가 뒤쫓는 자들이 돌아
간 후에 너희의 길을 갈지니라
17 그 사람들이 그에게 이르되 네가 우리에게 서약하게 한 이 맹세에 대하여
우리가 허물이 없게 하리니
18 우리가 이 땅에 들어올 때에 우리를 달아 내린 창문에 이 붉은 줄을 매고
네 부모와 형제와 네 아버지의 가족을 다 네 집에 모으라
19 누구든지 네 집 문을 나가서 거리로 가면 그의 피가 그의 머리로 돌아갈 것
이요 우리는 허물이 없으리라 그러나 누구든지 너와 함께 집에 있는 자에
게 손을 대면 그의 피는 우리의 머리로 돌아오려니와
20 네가 우리의 이 일을 누설하면 네가 우리에게 서약하게 한 맹세에 대하여
우리에게 허물이 없으리라 하니

21 라합이 이르되 너희의 말대로 할 것이라 하고 그들을 보내어 가게 하고 붉은 줄을 창문에 매니라
22 그들이 가서 산에 이르러 뒤쫓는 자들이 돌아가기까지 사흘을 거기 머물매 뒤쫓는 자들이 그들을 길에서 두루 찾다가 찾지 못하니라
23 그 두 사람이 돌이켜 산에서 내려와 강을 건너 눈의 아들 여호수아에게 나아가서 그들이 겪은 모든 일을 고하고
24 또 여호수아에게 이르되 진실로 여호와께서 그 온 땅을 우리 손에 주셨으므로 그 땅의 모든 주민이 우리 앞에서 간담이 녹더이다 하더라

마음의 문을 열며

사람들은 누구나 가치 있는 인생을 살려 합니다. 세속의 중력에 의해 허탄한 삶을 사는 사람조차도 심저(心底)에는 이러한 욕구를 가지고 있습니다. 이는 하나님의 형상으로 지음받은 자에게 남겨진 거룩한 본성이라 할 수 있습니다.

오늘 본문은 세상적으로는 무력하지만 믿음으로 생명을 구한 한 사람의 인생을 통해 진정으로 가치 있는 삶이 무엇인지 우리에게 보여줍니다. 뿐만 아니라 이스라엘 백성들을 가나안 땅으로 입성시키기 위해 그들을 준비시키시는 하나님을 보면서, 하나님의 원대한 계획을 엿보는 설렘을 느낄 수 있습니다.

오늘 말씀을 통해 누가 하나님 앞에서 진정 가치 있는 인생을 사는 사람인지를 확인하고, 그 주인공이 되는 시간이 되기를 바랍니다.

말씀의 씨를 뿌리며

1 라합은 정탐꾼의 생명을 구하기 위해서 목숨을 건 모험과 지략을 동원합니다. 그 내용을 구체적으로 이야기해보세요.

• 15~16절

2 라합이 정탐꾼의 생명을 건지는 대가로 그들에게 요구한 것은 무엇이며, 여기에 대한 정탐꾼의 대답은 무엇입니까?

• 13절

• 18~19절

3 라합은 자신의 믿음으로 가족의 생명까지 구합니다. 이는 개인의 구원이 가족 공동체의 구원으로 이어짐을 보여줍니다. 당신이 예수님을 믿음으로 가족이 구원을 받은 경험이 있다면 그 과정에서 어떤 어려움을 겪었으며 그 어려움을 어떻게 돌파했는지 나누어보세요. (참고/ 행 16:31)

4 정탐꾼은 라합의 목숨을 건 믿음의 모험에 대해서 어떻게 반응하고 있습니까? 이것은 단순히 자신들의 목숨을 구한 것에 대한 감사의 반응을 넘어서 하나님께서 이 모든 것을 주관하고 계심을 보여주고 있습니다. 그렇게 생각할 수 있는 이유는 무엇일까요?

• 12b절

• 14b절

5 정탐꾼의 보고는, 40년 전 그들 부모 세대가 보고한 것과 완전히 다릅니다. 다음 구절들을 읽고 부모 세대와 다른 점이 무엇인지 생각해보세요. 그리고 왜 이것이 중요한지 이야기해보세요.

• 민 13:32~33

• 수 2:24

6 라합의 믿음은 가족에게 구원의 길을 열었습니다. 다음의 글을 읽으면서 믿음의 본보기가 주는 은혜를 생각해보세요.

믿음의 본보기는 새로운 길을 여는 삶입니다. 예수님은 십자가에 못 박히시기 전, 대야에 물을 떠서 제자들의 발을 씻기신 후, "내가 너희에게 행한 것같이 너희도 행하게 하려 하여 본을 보였노라"(요 13:15)고 말씀하시며, 인류 역사상 최초로 진정한 섬김의 길을 여셨습니다.
구약의 인물 가운데, 아브라함은 믿음의 길을 열었고, 요셉은 순종의 길을 열었습니다. 모세는 광야의 길을 열었고, 여호수아는 가나안 정복의 길을 열었습니다. 그리고 다윗은 예배의 길을 열었습니다. 신약에서 베드로는 제자도의 길을 열었으며, 바울은 이방인 선교의 길을 열었습니다.
성경에 나오는 신앙의 선배들은 각자 믿음의 본보기를 통해 자신의 은사에 맞는 길을 열었습니다. 심지어 히브리서 11장 뒷부분에 나오는 무명의 신자들 역시 온갖 핍박 속에서도 인내의 길을 열었고, 때로는 순교의 길을 열었습니다.

7 라합이 보여준 믿음의 모험은 많은 사람들의 생명을 구했습니다. 하나님께서는 거룩한 믿음의 모험에 반드시 역사하십니다. 기독교 역사가 보여주듯이 가치 있는 인생, 생명력 있는 인생을 살기 원한다면 신앙인은 믿음의 모험을 감행해야 합니다. 당신은 얼마나 믿음의 모험을 감행하고 있습니까?

삶의 열매를 거두며

라합은 인간의 관점에서는 보잘것없었으나, 하나님은 그에게서 믿음을 보셨습니다. 그리고 거룩한 믿음의 씨앗을 품은 라합은 예수님의 족보에 오르는 영광을 얻었습니다. 믿음의 모험을 감행하는 인생은 생명을 구합니다. 지금 당신은 믿음의 모험을 감행하는 삶을 살고 있습니까? 한 사람의 믿음의 눈이 열리면, 가정과 사회에 구원의 문이 열리고, 하나님께서 행하시는 역사의 반열에 오르게 됩니다. 이 거룩한 충동이 우리의 심령을 날마다 풀무질하기를 소원하며, 믿음 위에 서기를 결단합시다.

Lesson 5

신앙인은 위기 앞에서 무엇을 먼저 준비해야 하는가?

여호수아 3:1~6

1 또 여호수아가 아침에 일찍이 일어나서 그와 모든 이스라엘 자손들과 더불어
싯딤에서 떠나 요단에 이르러 건너가기 전에 거기서 유숙하니라
2 사흘 후에 관리들이 진중으로 두루 다니며
3 백성에게 명령하여 이르되 너희는 레위 사람 제사장들이 너희 하나님 여호
와의 언약궤 메는 것을 보거든 너희가 있는 곳을 떠나 그 뒤를 따르라
4 그러나 너희와 그 사이 거리가 이천 규빗쯤 되게 하고 그것에 가까이 하지는
말라 그리하면 너희가 행할 길을 알리니 너희가 이전에 이 길을 지나보지 못
하였음이니라 하니라
5 여호수아가 또 백성에게 이르되 너희는 자신을 성결하게 하라 여호와께서 내
일 너희 가운데에 기이한 일들을 행하시리라
6 여호수아가 또 제사장들에게 말하여 이르되 언약궤를 메고 백성에 앞서 건
너라 하매 곧 언약궤를 메고 백성에 앞서 나아가니라

마음의 문을 열며

인간의 진면목은 위기 때에 드러납니다. 삶의 절벽에 맞닥뜨렸을 때 그가 어떤 사람인지 맨 얼굴이 나타나게 됩니다. 그래서 때로 하나님은 우리의 숨겨진 모습을 드러내기 위해서, 자신의 겉모습에 취한 우리를 일깨우기 위해서 삶을 송두리째 삼킬 듯한 강을 건너게 하십니다.
어려움을 당할 때 가장 먼저 떠오르는 생각은 무엇이며, 가장 먼저 발걸음이 향하는 곳은 어디입니까? 진정한 신앙의 일치는 내 말과 내 행동이 일치하는 것을 넘어 내 생각과 하나님의 생각이 일치하는 삶입니다.
오늘 본문은 건너야 할 인생의 강 앞에서 신앙인으로서 가장 먼저 준비되어야 할 것이 무엇인지를 보여줍니다. 누수 없는 신앙적 삶을 위해 세상의 중력에 사로잡힌 우리의 생각을 내려놓고 하나님께서 원하시는 것이 무엇인지를 배웁시다. 그리하여 삶의 위기를 맞았을 때 나의 생각과 행동이 하나님의 뜻에 일치할 수 있도록, 그 능력을 확보하는 시간이 되기를 바랍니다.

말씀의 씨를 뿌리며

1 여호수아가 이스라엘 백성들과 함께 요단 강을 건너기 위해서 취했던 두 가지 행동은 무엇입니까?

• 1절

2 하나님의 일을 제대로 행하기 위해서는 영적인 첫 단추를 잘 꿰어야 합니다. 다음 구절을 통해 여호수아와 이스라엘 백성들이 행한 '일찍이 일어나는' 것과 '싯딤을 떠나는' 것이 어떤 의미인지 생각해 보세요.

• 창 21:14

• 출 34:4

• 민 25:1

3 마침내 여호수아 1장 11절에서 언급한 사흘이 지났습니다. 여호수아와 이스라엘 백성들은 사흘 동안 홍수로 범람하는 강(수 3:15)을 바라보며 무슨 생각을 했을까요? 그들의 입장에서 추리해보세요. 건널 수 없을 것 같은 인생의 강을 만났을 때, 당신은 그 시간을 어떻게 견디고 결단하며 보냈는지 말해보세요. (참고/ 욘 1:17)

- 2절

4 여호수아는 요단 강을 건너기 직전, 이스라엘 백성에게 세 가지를 명령합니다. 그것이 무엇입니까?

- 3~5절

5 이스라엘 백성들은 강을 건너는 즉시 가나안의 이방 족속들과 전쟁을 치러야 합니다. 그런데 하나님께서는 무기를 준비하며 전쟁을 대비하라는 말씀 대신 이스라엘 백성들을 향해 자신을 성결케 하라고 명령하십니다. 그렇게 해야 하는 이유를 묵상하고 함께 나누어 보세요.

- 레 11:45

6 다음 글을 읽고 신앙인이 인생의 위기를 만날 때 가장 먼저 해야 할 것에 대해서 생각해보세요.

> "절망에 빠진 사람들이 문제를 해결받으려는 생각으로 목사님을 찾아올 때, 목사님은 어떻게 하십니까?"
> 그러자 목회자인 유진 피터슨은 다음과 같이 말했습니다.
> "목사가 해야 하는 가장 중요한 일은, 매 주일 강단에 올라 '하나님을 예배합시다'라고 말하는 것입니다. 예배는 자신을 위해 삶을 재정의 하는 자리입니다."
> 신앙인은 위기에 처했을 때, 세상적인 특별한 처세를 구할 것이 아니라 하나님 앞에서 마음을 단정히 하고 예배의 자리로 나아가야 합니다.
> 우리가 절망하고 당황하고 위기의식을 느끼고 흔들릴 때, 그래서 다른 무엇보다 하나님께서 무슨 조치를 취해주시기를 간절히 바랄 때, 그런 중대한 위기 속에서 우리에게 가장 필요한 것은 지극히 거룩하신 하나님을 바라보는 것입니다.

7 누구나 인생의 요단 강을 건너야 할 때가 있습니다. 넘실대는 강물을 바라보며 튼튼한 배를 찾고, 강물을 저을 정교한 노를 찾는 것이 인간적으로는 당연하지만, 그에 앞서 하나님은 우리가 일찍 일어나 하나님의 임재를 구하고, 자신의 몸을 거룩하게 할 것을 요구하십니다. 인생의 요단 강을 만났을 때 당신이 행한 모습은 무엇입니까? 요단 강 앞에 선 이스라엘 백성들이 먼저 하나님의 임재를 구하고 그들 자신을 성결케 하는 것은, 당신의 삶에서 어떻게 적용될 수 있습니까?

삶의 열매를 거두며

인생의 위기를 만날 때, 신앙인은 하나님의 뜻을 따르는 것이 중요합니다. 하지만 이는 평소의 신앙적 체질과 관련이 깊습니다. 급조된 신앙으로는, 인생의 민낯이 드러나는 순간 하나님의 뜻을 찾을 수도 없고 따를 수도 없습니다. 신앙 체질을 튼실하게 강화하기 위해서는 매일의 삶이 무척 중요합니다. 세상의 방식이 아닌 하나님의 방식에 체질화 된 삶을 이루기 위해 오늘 당신은 어떤 결심을 할 수 있습니까?

Lesson 6

요단을 마른 땅같이

여호수아 3:7~17

7 여호와께서 여호수아에게 이르시되 내가 오늘부터 시작하여 너를 온 이스
라엘의 목전에서 크게 하여 내가 모세와 함께 있었던 것같이 너와 함께 있
는 것을 그들이 알게 하리라
8 너는 언약궤를 멘 제사장들에게 명령하여 이르기를 너희가 요단 물가에 이
르거든 요단에 들어서라 하라
9 여호수아가 이스라엘 자손에게 이르되 이리 와서 너희의 하나님 여호와의
말씀을 들으라 하고
10 또 말하되 살아 계신 하나님이 너희 가운데에 계시사 가나안 족속과 헷 족
속과 히위 족속과 브리스 족속과 기르가스 족속과 아모리 족속과 여부스 족
속을 너희 앞에서 반드시 쫓아내실 줄을 이것으로서 너희가 알리라
11 보라 온 땅의 주의 언약궤가 너희 앞에서 요단을 건너가나니
12 이제 이스라엘 지파 중에서 각 지파에 한 사람씩 열두 명을 택하라
13 온 땅의 주 여호와의 궤를 멘 제사장들의 발바닥이 요단 물을 밟고 멈추면
요단 물 곧 위에서부터 흘러내리던 물이 끊어지고 한곳에 쌓여 서리라
14 백성이 요단을 건너려고 자기들의 장막을 떠날 때에 제사장들은 언약궤를
메고 백성 앞에서 나아가니라
15 요단이 곡식 거두는 시기에는 항상 언덕에 넘치더라 궤를 멘 자들이 요단에
이르며 궤를 멘 제사장들의 발이 물가에 잠기자
16 곧 위에서부터 흘러내리던 물이 그쳐서 사르단에 가까운 매우 멀리 있는 아
담 성읍 변두리에 일어나 한곳에 쌓이고 아라바의 바다 염해로 향하여 흘러
가는 물은 온전히 끊어지매 백성이 여리고 앞으로 바로 건널새
17 여호와의 언약궤를 멘 제사장들은 요단 가운데 마른 땅에 굳게 섰고 그 모
든 백성이 요단을 건너기를 마칠 때까지 모든 이스라엘은 그 마른 땅으로
건너갔더라

마음의 문을 열며

우리의 인생 가운데에는 반드시 건너야 하는 믿음의 강이 있습니다. 그리고 신앙인 또한 예외 없이 두려움에 떨며 불안에 빠지는 시간을 맞닥뜨립니다. 이때는 되돌아가든지 강을 건너든지 결정해야 합니다.

하나님은 요단 강을 앞에 둔 이스라엘 백성에게 하신 것과 마찬가지로 우리와 함께 건널 것이라는 약속의 말씀을 주셨습니다. 그럼에도 우리는 여전히 주저하고 불안해합니다.

오늘 본문은 요단 강 앞에서 이스라엘 백성들이 보였던 믿음의 실체를 보여주고 있습니다. 그들의 믿음의 결단과 순종만큼 고해와 같은 현실을 살아가는 우리들에게 절실한 것은 없을 것입니다. 이제 시공을 넘어 이스라엘 백성들과 요단 강을 건너갑시다. 이를 통해 인생의 '아바르 타임'을 주님과 함께 건너는 신앙의 도약을 경험하는 시간이 되기를 바랍니다.

말씀의 씨를 뿌리며

1 이스라엘 백성들이 요단 강을 마른 땅처럼 건너도록 하나님께서 기적을 베푸신 목적은 무엇입니까?

• 7절

• 10절

2 하나님께서 제사장들에게 무엇을 명령하셨습니까?

• 8절

3 범람하는 요단 강에 들어가라는 명령에 순종하기 위해 제사장들에게 가장 필요한 것은 무엇이었을까요? 이성적으로 이해되지 않지만 믿음으로 순종하여 받았던 은혜가 있다면 나누어보세요. (참고/눅 5:5)

4 언약궤를 멘 제사장들의 발이 물가에 잠기자 어떤 일이 일어났습니까? 이것이 하나님께서 베푸신 기적임을 성경은 어떻게 설명하고 있는지 살펴보세요.

• 15~16절

5 이스라엘 백성들이 요단 강을 건너는 것은 모세의 인도로 홍해를 건넌 것을 연상하게 합니다. (참고/ 출 14:29) 다음 구절들을 통해 그 사실을 확인하고, 이것이 의미하는 바가 무엇인지 생각해보세요.

• 16~17절

6 다음 글을 읽고 신앙인의 삶에서 경험하는 '아바르 타임'에 대해 생각해보세요.

종교 개혁에 앞장선 마틴 루터는 1517년 10월 30일 비텐베르크(Wittenberg) 성당 정문에 면죄부 남용을 경고하는 95개조를 써 붙임으로 자신의 '아바르 타임'에 들어갔습니다. 1520년 로마 교황청이 루터에게 교서를 보냈으나, 그해 12월 10일 루터가 사람들 앞에서 그것을 불태움으로 교황청과의 결별을 분명히 했습니다. 당시에 로마 교황청의 파문은 곧 죽음을 뜻했습니다. 그러나 이는 "구원은 행위가 아니라 믿음으로 말미암는다"는 이신칭의(以信稱義)의 진리의 문을 열기 위해 루터가 죽음을 각오하고서라도 반드시 건너야 하는 강이었습니다. 독일의 황제 찰스 5세는 루터를 보름스(Worms)로 소환하여 그의 견해를 철회할 마지막 기회를 주었지만, 1521년에 열린 보름스 종교 회의에서도 루터는 자신의 뜻을 굽히지 않았습니다. 그리하여 루터는 교황과 황제로부터 이중 파문을 당했으며 이후 그는 죽음의 공포를 넘나드는 시간을 보내야 했습니다. 그러나 루터는 보름스에서 비텐베르크로 돌아오는 길에 작센(Sachsen)의 선제후(選帝侯) 프리드리히의 개입으로 바르트부르크(Wartburg)의 성채에 은신하며 성경을 독일어로 번역하는 역사를 이루었습니다.

7 이스라엘 백성들의 요단 강 도하(渡河)는 큰 의미를 담은 사건이었습니다. 이스라엘이 홍해를 건넘으로써 이집트 노예의 삶을 끝내고 하나님의 백성이 되는 새로운 시대를 맞은 것처럼 그들은 요단 강을 건넘으로써 하나님의 민족으로 거듭나는 새로운 정체성을 확보하게 됩니다. 우리 역시 신앙생활을 하는 가운데 신앙의 도약을 경험하는 결정적인 시기를 맞습니다. 그런 경험이 있으면 함께 나누어봅시다.

삶의 열매를 거두며

자신의 인생 가운데 '아바르 타임'을 맞아 믿음의 발걸음을 떼는 것은 사람의 지팡이가 아닌 하나님의 개입을 의지하는 것을 말합니다. 이스라엘의 제사장들이 넘실대는 요단 강물에 발을 내딛는 믿음의 순종을 하지 않았다면 이스라엘 백성들은 여전히 광야의 삶을 이어갔을 것입니다. 하나님은 우리에게 요단 강을 건너는 배가 아닌 믿음을 요구하십니다. 삶의 아바르 타임에서 믿음으로 반응했는지 자신을 돌아보며, 뒷걸음치지 않고 믿음으로 순종하며 전진하겠다는 기도를 합시다.

Lesson 7

새로운 회복의 기념비

여호수아 4:1~24

1 그 모든 백성이 요단을 건너가기를 마치매 여호와께서 여호수아에게 말씀하
여 이르시되
2 백성의 각 지파에 한 사람씩 열두 사람을 택하고
3 그들에게 명령하여 이르기를 요단 가운데 제사장들의 발이 굳게 선 그곳에
서 돌 열둘을 택하여 그것을 가져다가 오늘 밤 너희가 유숙할 그곳에 두게
하라 하시니라
4 여호수아가 이스라엘 자손 중에서 각 지파에 한 사람씩 준비한 그 열두 사람
을 불러
5 그들에게 이르되 요단 가운데로 들어가 너희 하나님 여호와의 궤 앞으로 가
서 이스라엘 자손들의 지파 수대로 각기 돌 한 개씩 가져다가 어깨에 메라
6 이것이 너희 중에 표징이 되리라 후일에 너희의 자손들이 물어 이르되 이 돌
들은 무슨 뜻이냐 하거든
7 그들에게 이르기를 요단 물이 여호와의 언약궤 앞에서 끊어졌나니 곧 언약
궤가 요단을 건널 때에 요단 물이 끊어졌으므로 이 돌들이 이스라엘 자손에
게 영원히 기념이 되리라 하라 하니라
8 이스라엘 자손들이 여호수아가 명령한 대로 행하되 여호와께서 여호수아에
게 이르신 대로 이스라엘 자손들의 지파의 수를 따라 요단 가운데에서 돌 열
둘을 택하여 자기들이 유숙할 곳으로 가져다가 거기에 두었더라
9 여호수아가 또 요단 가운데 곧 언약궤를 멘 제사장들의 발이 선 곳에 돌 열
둘을 세웠더니 오늘까지 거기에 있더라

10 또 여호와께서 여호수아에게 명령하사 백성에게 말하게 하신 일 곧 모세가 여호
수아에게 명령한 일이 다 마치기까지 궤를 멘 제사장들이 요단 가운데에 서 있고
백성은 속히 건넜으며
11 모든 백성이 건너기를 마친 후에 여호와의 궤와 제사장들이 백성의 목전에서 건
넜으며
12 르우벤 자손과 갓 자손과 므낫세 반 지파는 모세가 그들에게 이른 것같이 무장하
고 이스라엘 자손들보다 앞서 건너갔으니
13 무장한 사만 명가량이 여호와 앞에서 건너가 싸우려고 여리고 평지에 이르니라
14 그날에 여호와께서 모든 이스라엘의 목전에서 여호수아를 크게 하시매 그가 생
존한 날 동안에 백성이 그를 두려워하기를 모세를 두려워하던 것같이 하였더라
15 여호와께서 여호수아에게 말씀하여 이르시되
16 증거궤를 멘 제사장들에게 명령하여 요단에서 올라오게 하라 하신지라
17 여호수아가 제사장들에게 명령하여 이르기를 요단에서 올라오라 하매
18 여호와의 언약궤를 멘 제사장들이 요단 가운데에서 나오며 그 발바닥으로 육지
를 밟는 동시에 요단 물이 본곳으로 도로 흘러서 전과 같이 언덕에 넘쳤더라
19 첫째 달 십 일에 백성이 요단에서 올라와 여리고 동쪽 경계 길갈에 진 치매
20 여호수아가 요단에서 가져온 그 열두 돌을 길갈에 세우고
21 이스라엘 자손들에게 말하여 이르되 후일에 너희의 자손들이 그들의 아버지에게
묻기를 이 돌들은 무슨 뜻이니이까 하거든
22 너희는 너희의 자손들에게 알게 하여 이르기를 이스라엘이 마른 땅을 밟고 이 요
단을 건넜음이라
23 너희의 하나님 여호와께서 요단 물을 너희 앞에서 마르게 하사 너희를 건너게 하
신 것이 너희의 하나님 여호와께서 우리 앞에 홍해를 말리시고 우리를 건너게 하
심과 같았나니
24 이는 땅의 모든 백성에게 여호와의 손이 강하신 것을 알게 하며 너희가 너희의
하나님 여호와를 항상 경외하게 하려 하심이라 하라

마음의 문을 열며

다른 이들은 스치듯 지나가는 장소, 물건, 시간들에서 어떤 이는 특별한 의미를 발견합니다. 그 속에 자신만의 이야기가 담길 때, 그것을 생각할 때마다 마음이 새로워지고 감흥이 일어나는 것입니다. 지난 삶을 돌아보게 하는 이러한 기억은 현재의 삶을 교정하는 힘이 됩니다.

신앙인에게도 자신의 신앙 역사가 담긴 시간이나 공간, 물건들이 있습니다. 성경을 읽다가 새로이 꿈꾸게 된 성경구절, 기도 가운데 크신 하나님과 맺은 인격적 만남의 시간, 영혼의 전율이 일어난 거룩한 장소 등은 신자의 삶에 새겨진 은총의 기념비이며, 이는 건강한 신앙생활을 하는데 있어 대단히 중요한 역할을 합니다.

오늘 본문은 이 같은 은총의 기념비 속에 담긴 하나님의 뜻을 보여줍니다. 그리고 이것은 우리가 하나님을 잊지 않게 하는 거룩한 장치가 됩니다. 말씀을 나누는 가운데 나와 가족과 자녀, 후손들에게 하나님을 이야기할 수 있는 은총의 기념비를 세우는 시간이 되기를 바랍니다.

말씀의 씨를 뿌리며

1 요단 강을 걸어서 건넌 사람들은 누구입니까?

• 1절

2 요단 강을 건넌 후, 여호수아는 이스라엘 열두 지파의 대표를 뽑아 어떤 명령을 내렸습니까?

• 3절

3 하나님께서 제사장이 선 곳의 열두 돌들을 취해 기념비를 만들게 하신 이유는 무엇이며, 이는 이스라엘 백성들에게 어떤 의미로 다가갔을까요?

• 6~7절

• 24절

4 세상 사람들은 이스라엘 백성이 길갈에 세운 돌들을 그저 돌무더기로 바라봤을지 모릅니다. 그러나 영적인 눈으로 보면 이 돌들은 이스라엘의 다음 세대들에게 하나님의 역사와 함께하심을 나타내주는 거룩한 기념비였습니다. 당신에게도 세상 사람들에게 들려줄 수 있는 하나님의 은혜를 기념하는 사건이나 경험이 있습니까? 당신의 삶에서 이러한 기념비가 있다면 그것은 무엇이며, 그 기억은 삶의 현장에서 어떻게 힘이 되고 있습니까?

5 신앙인에게는 요단 강 속에 있는 돌비처럼 자신의 죽음을 선포하고(수 4:9), 길갈 언덕에 세워진 돌비와 같이 자신을 회복하는 자세가 필요합니다. 부끄러운 과거를 끊고 새로운 회복의 돌비를 세우는 것은 지체들과 함께할 때 더욱 가능해집니다. 요단 강은 이스라엘의 선택된 자만이 건너지 않고 모든 백성이 예외 없이 건너갔습니다. 공동체가 함께 요단 강을 건너기 위해 형제의 연약함을 감당해야 한다면 당신이 해야 하는, 그리고 할 수 있는 일은 무엇입니까?
(참고/ 전 4:10~11)

6 다음 글을 읽고 신앙생활에서 하나님의 기념비가 있어야 할 이유를 생각해보세요.

하나님은 노아에게 영원한 사랑의 상징으로 무지개를 주셨습니다. 아브라함과 유대인들에게는 언약의 상징으로 할례를 기념하게 하셨습니다. 미리암에게는 홍해를 건넌 것을 기념하는 노래를 주셨습니다. 신약 시대를 사는 우리에게는 세례와 성찬을 통해 예수 그리스도의 십자가를 돌아보고, 우리가 앞으로 참예하게 될 어린양의 혼인잔치를 기대하도록 기념비를 주셨습니다.

한국 교회에 하나님의 은혜를 보여주는 기념비는 '양화진외국인선교사묘원'이라고 할 수 있습니다. 이곳에는 그리스도를 향한 불타는 사랑이 묻혀 있습니다. 양화진묘원은, 복음을 위한 선교사들의 순수한 열정과 세상이 감당할 수 없는 영적 기백을 우리에게 일깨워주고, 이 땅을 향한 하나님의 뜨거운 사랑의 역사를 보여줍니다. 양화진묘원은 힘들고 어려울 때 복음의 열정으로 끓어오르는 거룩한 심장의 박동 소리를 다시금 들려줍니다. 보혈의 능력으로 선교사들이 흘린 순교의 피는 우리 속의 냉랭함을 생명의 온기로 채우고 복음을 위해 일어서게 하는 원천이 되어줍니다.

7 늘 망각하는 존재인 인간에게는 반드시 은혜의 기념비가 필요합니다. 기념비는 우리의 신앙적인 퇴보를 막고 하나님의 약속을 바라보게 하는 힘이 있습니다. 이것은 마치 이스라엘 백성들이 기념비를 보면서 하나님의 은혜를 기억하는 동안은 결코 광야로 되돌아가는 일이 없었던 것과 같습니다. 어떻게 하면 우리도 신앙의 퇴보를 막고, 신앙의 궤도에서 이탈하지 않도록 이끌어주는 기념비를 세울 수 있을까요?

삶의 열매를 거두며

은혜를 받는 것과 은혜를 기억하는 것은 완전히 다릅니다. 세속의 소리가 높아지고 세상의 비주얼에 마음을 많이 빼앗기는 지금과 같은 상황에서는, 받은 은혜를 심비(心碑)에 새겨서라도 하나님을 기억하는 것이 더욱 중요합니다. 이를 위해 한 주간 당신이 실천할 수 있는 결심을 나누어 봅시다.

Lesson **8**

신앙의 기본으로 돌아갑시다

여호수아 5:1~9

1 요단 서쪽의 아모리 사람의 모든 왕들과 해변의 가나안 사람의 모든 왕들이
여호와께서 요단 물을 이스라엘 자손들 앞에서 말리시고 우리를 건너게 하
셨음을 듣고 마음이 녹았고 이스라엘 자손들 때문에 정신을 잃었더라
2 그때에 여호와께서 여호수아에게 이르시되 너는 부싯돌로 칼을 만들어 이스
라엘 자손들에게 다시 할례를 행하라 하시매
3 여호수아가 부싯돌로 칼을 만들어 할례 산에서 이스라엘 자손들에게 할례를
행하니라
4 여호수아가 할례를 시행한 까닭은 이것이니 애굽에서 나온 모든 백성 중 남
자 곧 모든 군사는 애굽에서 나온 후 광야 길에서 죽었는데
5 그 나온 백성은 다 할례를 받았으나 다만 애굽에서 나온 후 광야 길에서 난
자는 할례를 받지 못하였음이라
6 이스라엘 자손들이 여호와의 음성을 청종하지 아니하므로 여호와께서 그들
에게 대하여 맹세하사 그들의 조상들에게 맹세하여 우리에게 주리라고 하신
땅 곧 젖과 꿀이 흐르는 땅을 그들이 보지 못하게 하리라 하시매 애굽에서 나
온 족속 곧 군사들이 다 멸절하기까지 사십 년 동안을 광야에서 헤매었더니
7 그들의 대를 잇게 하신 이 자손에게 여호수아가 할례를 행하였으니 길에서는
그들에게 할례를 행하지 못하였으므로 할례 없는 자가 되었음이었더라
8 또 그 모든 백성에게 할례 행하기를 마치매 백성이 진중 각 처소에 머물며
낫기를 기다릴 때에
9 여호와께서 여호수아에게 이르시되 내가 오늘 애굽의 수치를 너희에게서 떠
나가게 하였다 하셨으므로 그곳 이름을 오늘까지 길갈이라 하느니라

마음의 문을 열며

하나님에 대해 적대적인 세상은 예수님을 믿는 자들을 결코 그냥 두는 법이 없습니다. 어떻게 하든지 신자들을 건드리고, 유혹하고, 끌어내리고, 파멸시키려 합니다. 어떻게 하면 영적 전쟁터와 같은 이 세상에서 흔들리지 않고 신앙의 길을 뚜벅뚜벅 걸어갈 수 있을까요?

세상의 관성에 휩쓸리지 않고 신앙의 정체성을 살아내는 길은 튼실한 기초에 있습니다. 예수님의 말씀처럼 기초를 다진 사람은 반석 위에 지은 사람과 같아서 비가 내리고 창수가 나고 바람이 불어도 무너지지 않습니다.

교회를 출석한다고 하지만, 세상의 조그만 풍파에도 흔들리는 사람이 적지 않습니다. 신앙의 기본기가 없기 때문입니다. 오늘 본문에서 하나님은 전쟁을 앞둔 이스라엘 백성들에게 무엇보다 신앙의 기본으로 돌아갈 것을 요구하고 있습니다. 이것이야말로 이 험한 세상에서 신앙의 정체성을 가지고 살아갈 수 있는 가장 강력한 힘이기 때문입니다.

이 시간 하나님께서 우리에게 요구하시는 신앙의 기본기가 무엇인지 묵상하면서 흔들림 없는 신앙생활의 기초를 쌓는 시간이 되기를 바랍니다.

말씀의 씨를 뿌리며

1 이스라엘 자손들이 하나님의 역사로 요단 강을 건넜다는 소식을 들은 가나안 왕들은 어떤 반응을 보였습니까?

- 1절

2 하나님께서 베푸신 기적으로 요단 강을 마른 땅처럼 건너온 사기충천한 이스라엘 백성들에게 하나님께서 어떤 명령을 내리셨습니까? 만일 당신이 그 자리에서 그런 명령을 들었다면 어떻게 반응했을 것 같습니까?

- 2절

3 하나님께서는 이스라엘 백성들에게 "다시 할례를 행하라"(2절)고 명령하십니다. 다시 할례를 행하게 하신 이유는 무엇일까요?

- 4~5절

- 9절

4 이스라엘 백성들은, 새로운 지도자를 통해 이해되지 않는 일을 명하시는 하나님의 말씀에 어떻게 반응했습니까? 그들이 이렇게 행동하게 된 이유는 무엇인지 당신의 생각을 나누어보세요. (참고/ 잠 3:5~6)

• 8절

5 이스라엘 백성에게 할례를 한다는 것은 신앙의 기본으로 돌아가는 것을 말합니다. 할례는 하나님과의 언약을 다시 회복하는 것이며, 세상살이에서 겪는 모든 수치를 떠나가게 하는 것입니다. 이 세상에서 당신의 가나안 정복을 위해 행해야 할 할례는 무엇이라고 생각합니까?

6 다음 글을 읽고 일상에서 신앙의 기본기를 가진다는 것이 어떤 뜻인지 묵상해보세요.

기본기를 한 번 실천하기는 쉽지만 지속적으로 실천하는 것은 매우 어렵습니다. 성경을 단숨에 열 장이나 스무 장을 읽는 것보다 하루에 세 장씩 매일 읽는 것이 어렵고, 특정한 때에 몇 시간씩 기도하는 것보다 5~10분씩 매일 기도하는 것이 훨씬 어렵습니다. 기본기 자체는 단순 반복적이어서 습득하기 힘들지만, 결정적인 순간에 승부를 나게 하는 것은 평소에 갈고닦은 튼실한 기본기입니다. 한 번에 쏟아지는 소나기보다 조금씩 그러나 계속해서 맺히는 이슬이 식물의 성장에 훨씬 큰 영향을 미치는 것으로도 기본기의 중요성을 잘 이해할 수 있습니다.

7 이스라엘 백성들이 할례를 행한 길갈은 하나님과 맺은 언약 관계를 회복한 장소가 되었습니다. 우리 또한 신앙의 기본을 세우는 장소, 하나님과의 관계를 회복하는 장소, 세상의 수치를 물러가게 하는 순종의 장소가 필요합니다. 어려움에 처할 때마다 다시 기본으로 돌아가서 하나님과 맺은 언약을 확인하는 거룩한 장소는 어떻게 하면 만들 수 있을까요?

삶의 열매를 거두며

당신의 일상은 무엇에 기초하고 있습니까? 예수님을 믿는다고 하지만, 실제로는 세상이 주는 즐거움의 벽돌을 쌓으며 살고 있는지도 모릅니다. 하지만 그런 삶은 비바람이 치면 무너질 모래성에 불과합니다. 신앙의 길은 막힌 것 하나 없는 편하고 넓은 길이 아니라 몸을 바르게 세우지 않고는 지날 수 없는 좁은 길입니다. 때로 불편하고 힘겹지만, 세상의 풍파를 능히 견딜 수 있는 길이 신앙의 길입니다. 당신이 일상에서 쌓을 수 있는 신앙의 기초석은 무엇인지 생각하고 함께 나누어봅시다.

Lesson 9

당신에게는 신앙의 도약을 이끄는 유월절이 있는가?

여호수아 5:10~15

10 또 이스라엘 자손들이 길갈에 진 쳤고 그달 십사일 저녁에는 여리고 평지에
서 유월절을 지켰으며
11 유월절 이튿날에 그 땅의 소산물을 먹되 그날에 무교병과 볶은 곡식을 먹었
더라
12 또 그 땅의 소산물을 먹은 다음 날에 만나가 그쳤으니 이스라엘 사람들이
다시는 만나를 얻지 못하였고 그해에 가나안 땅의 소출을 먹었더라
13 여호수아가 여리고에 가까이 이르렀을 때에 눈을 들어 본즉 한 사람이 칼을
빼어 손에 들고 마주 서 있는지라 여호수아가 나아가서 그에게 묻되 너는
우리를 위하느냐 우리의 적들을 위하느냐 하니
14 그가 이르되 아니라 나는 여호와의 군대 대장으로 지금 왔느니라 하는지라
여호수아가 얼굴을 땅에 대고 엎드려 절하고 그에게 이르되 내 주여 종에게
무슨 말씀을 하려 하시나이까
15 여호와의 군대 대장이 여호수아에게 이르되 네 발에서 신을 벗으라 네가 선
곳은 거룩하니라 하니 여호수아가 그대로 행하니라

마음의 문을 열며

한 개인의 신앙사를 돌아보면 어느 순간 영적인 상승을 이끈 시기나 사건이 있습니다. 예수님을 믿는 집안에서 태어났지만 인격적으로 예수님을 만난 시기가 저마다 다른 것도 이런 이유 때문입니다. 신앙의 도약을 이루는 사건이나 시기는, 하나님께서 어떻게 인격적으로 역사하셨는지를 말해주는 믿음의 증거요 신앙의 교두보가 되기 때문에 매우 중요합니다. 오늘 본문은 하나님께서 이스라엘 백성들을 신앙적으로 도약시키고자 유월절을 어떻게 사용하셨는지를 보여줍니다. 오늘 말씀을 통해 신앙적으로 이루어지는 만남이나 의식 혹은 시간을 그냥 지나치지 말고 신앙적인 도약을 이룰 기회로 삼기 바랍니다. 영적인 눈이 열리면 누수 없이 하나님께서 원하시는 뜻을 이루면서, 더 깊고 높은 신앙적 차원의 삶을 살아가는 법을 배울 수 있을 것입니다.

말씀의 씨를 뿌리며

1 이스라엘 자손들은 길갈에 진을 친 후, 어떤 절기를 지켰습니까?

• 10절

2 40여 년간 내린 만나는 언제 그쳤으며, 그것이 의미하는 바는 무엇이라고 생각합니까?

• 12절

3 가나안 정복 전쟁을 앞둔 이스라엘 백성들에게 하나님께서 유월절을 지키라고 명령하신 이유는 무엇일까요? 이스라엘 백성과 가나안 적군은 유월절의 의미를 각각 어떻게 받아들였을지 생각해봅시다. (참고/ 출 12:25~27)

4 이스라엘 백성들이 유월절을 통해 개인과 공동체적 측면에서 기존의 신앙을 각성하고 새로운 신앙의 도약을 이룬 것처럼, 현대의 신앙인들도 때를 정하여 하나님을 묵상하며 자신을 돌아보는, 영적인 유월절 의식이 필요합니다. 자신을 영적인 각성과 도약으로 이끌어준 모임이나 의식, 장소가 있었는지 생각해보고, 어떻게 하면 일상에서도 이러한 시간을 가질 수 있을지 나누어봅시다.

5 여호수아는 여리고 근처에서 여호와의 군대 대장을 만나게 됩니다. 여호와의 군대 대장이 이스라엘 군대의 지휘관인 여호수아를 만난 이유는 무엇일까요?

• 13~14절

6 다음 글을 읽고 신앙의 정체 현상이 위험한 까닭은 무엇이며, 때에 맞는 성장과 도약은 왜 필요한지 생각해보세요.

보물과도 같은 거대한 떡갈나무가 수십 년째 학생들을 맞고 서 있는 중서부 지역의 한 명문 대학에서 일어난 일이다. 가지를 넓게 펼친 떡갈나무가 없는 캠퍼스는 상상조차 안 될 만큼 모든 이들이 그 나무를 좋아했는데, 어느 날 신경을 거스르는 엄청난 소리와 함께 그 나무가 쓰러지고 말았다. 한 달이 가고 두 달이 가고, 계절이 바뀌는 가운데 나무는 내부에서부터 잠식당하고 있었지만, 어느 누구도 눈치 채지 못한 것이다. 조용히, 그리고 천천히 진행된다고 하여 그것이 파괴성을 잃는 것은 아니다.

바닷물이 오랜 시간에 걸쳐 제방을 침식하듯, 우리가 그것을 알아채기 전에 우리의 성품 중 큰 덩어리가 바다에 빠져버리고, 내부를 보호하던 두꺼운 껍질이 바닥에 떨어진다. 한때는 그저 '하찮은' 것에 불과했으나 이제는 삶 전체를 압도한다. 그런데 이러한 하강 곡선을 멈춰 세우고, 세상의 중력에서 벗어나 방향을 되돌리는 힘이 바로 영적 도약이다.[3]

7 여호수아는 여호와의 군대 대장을 만났을 때, "네 신을 벗어라"라는 말씀을 첫 번째 명령으로 들었습니다. 구약 시대에 신을 벗는 행위란, 종으로서의 삶을 공언하는 것이었습니다. 하나님의 일을 위해 우리가 가장 먼저 준비해야 하는 것은, 하나님께서 내 삶의 주인 되심을 인정하고 철저하게 종의 마음으로 따르는 것입니다. 당신의 신앙생활에서 하나님의 주재권을 인정하지 못하는 영역은 없습니까? 신발을 벗기 위해 내려놓아야 하는 것은 무엇입니까?

삶의 열매를 거두며

이스라엘 백성들이 지킨 영적인 유월절은 신앙인에게 반드시 필요합니다. 하나님 앞에서 다시금 자신을 돌아보고 하나님의 인도하심과 역사를 묵상하는 시간은 우리의 신앙을 새롭게 도약시킬 것입니다. 이를 위해서는 하나님 앞에서 자신의 신발을 벗어 주의 종 됨을 선포하는 자세가 필요합니다. 우리가 종의 자리에 설 때, 하나님께서 우리 삶의 주인이 될 수 있습니다. 내 삶에서 여전히 신발을 벗지 못하는 영역은 없는지 살펴보고, 주님의 종으로 살아갈 결심의 기도를 드립시다.

Lesson **10**

불가능의 벽을 넘는 비결

여호수아 6:1~16

1 이스라엘 자손들로 말미암아 여리고는 굳게 닫혔고 출입하는 자가 없더라
2 여호와께서 여호수아에게 이르시되 보라 내가 여리고와 그 왕과 용사들을
네 손에 넘겨주었으니
3 너희 모든 군사는 그 성을 둘러 성 주위를 매일 한 번씩 돌되 엿새 동안을
그리하라
4 제사장 일곱은 일곱 양각 나팔을 잡고 언약궤 앞에서 나아갈 것이요 일곱
째 날에는 그 성을 일곱 번 돌며 그 제사장들은 나팔을 불 것이며
5 제사장들이 양각 나팔을 길게 불어 그 나팔 소리가 너희에게 들릴 때에는
백성은 다 큰 소리로 외쳐 부를 것이라 그리하면 그 성벽이 무너져 내리리
니 백성은 각기 앞으로 올라갈지니라 하시매
6 눈의 아들 여호수아가 제사장들을 불러 그들에게 이르되 너희는 언약궤를
메고 제사장 일곱은 양각 나팔 일곱을 잡고 여호와의 궤 앞에서 나아가라
하고
7 또 백성에게 이르되 나아가서 그 성을 돌되 무장한 자들이 여호와의 궤 앞
에서 나아갈지니라 하니라
8 여호수아가 백성에게 이르기를 마치매 제사장 일곱은 양각 나팔 일곱을 잡
고 여호와 앞에서 나아가며 나팔을 불고 여호와의 언약궤는 그 뒤를 따르며
9 그 무장한 자들은 나팔 부는 제사장들 앞에서 행진하며 후군은 궤 뒤를 따
르고 제사장들은 나팔을 불며 행진하더라
10 여호수아가 백성에게 명령하여 이르되 너희는 외치지 말며 너희 음성을 들
리게 하지 말며 너희 입에서 아무 말도 내지 말라 그리하다가 내가 너희에
게 명령하여 외치라 하는 날에 외칠지니라 하고

11 여호와의 궤가 그 성을 한 번 돌게 하고 그들이 진영으로 들어와서 진영에서 자니라
12 또 여호수아가 아침에 일찍이 일어나니 제사장들이 여호와의 궤를 메고
13 제사장 일곱은 양각 나팔 일곱을 잡고 여호와의 궤 앞에서 계속 행진하며 나팔을
불고 무장한 자들은 그 앞에 행진하며 후군은 여호와의 궤 뒤를 따르고 제사장
들은 나팔을 불며 행진하니라
14 그 둘째 날에도 그 성을 한 번 돌고 진영으로 돌아오니라 엿새 동안을 이같이 행
하니라
15 일곱째 날 새벽에 그들이 일찍이 일어나서 전과 같은 방식으로 그 성을 일곱 번
도니 그 성을 일곱 번 돌기는 그날뿐이었더라
16 일곱 번째에 제사장들이 나팔을 불 때에 여호수아가 백성에게 이르되 외치라 여
호와께서 너희에게 이 성을 주셨느니라

마음의 문을 열며

인생길에서 넘을 수 없는 벽을 만나면, 인간적으로는 그 벽을 돌아가고 싶은데 하나님께서는 그 벽을 넘어서라고 말씀하실 때가 있습니다. 상황이나 여건은 불가능처럼 보입니다. 그럼에도 기도를 할 때나 말씀을 읽을 때에 여전히 그 상황을 그대로 돌파하라는 소리가 들립니다. 어떻게 해야 할까요?

본문에서 우리는 불가능의 벽처럼 보이는 여리고 성을 마주하고 있는 이스라엘 백성을 만나고, 그들에게 그 벽을 돌파하라는 하나님의 명령을 들을 수 있습니다. 오늘날의 시각으로 보면 참으로 이상한 장면들이 가득한 사건을 통해 하나님께서 우리에게 말씀하시고자 하는 뜻이 있습니다.

진정한 믿음은 전천후적인 귀를 가지고 하나님의 음성을 듣는 것에서 시작합니다. 우리는 때로 우리의 상황과 처지를 빌미로 하나님의 음성을 선택적으로 들을 때가 있습니다. 본문은 이러한 선택적 믿음을 경고하면서 믿음의 귀와 순종의 발은 같이 가는 것임을 보여주고 있습니다.

중요한 것은 하나님과 함께 가는 것입니다. 오늘 말씀 속에서 불가능의 벽을 마주할 때, 독단이 아니라 살아있는 믿음으로 행하는 비결을 배울 수 있기를 바랍니다.

말씀의 씨를 뿌리며

1 이스라엘 백성들이 가나안 땅에서 가장 먼저 공격했던 여리고 성에 대해서 성경은 어떻게 묘사하고 있습니까?

• 1절

2 이처럼 난공불락과 같은 성을 함락시키기 위해서 하나님께서 이스라엘 백성에게 지시하신 것은 무엇입니까?

• 3~4절

3 일주일의 침묵행진으로 여리고 성을 공략하는 방법에 대해 여리고 주민들이 어떻게 반응했을지 생각해봅시다. 당신이 처한 삶의 현장에서는 세상 사람들이 그리스도인들을 여리고 주민들과 같은 시선으로 바라보고 있지는 않은지 나누어보세요. (참고/ 막 15:29)

4 신앙인의 인생길에서 무너뜨려야 할 여리고 성은 무엇입니까? 이를 위해 당신은 어떤 노력과 행동을 했습니까?

5 여리고 성의 함락에서 성경이 강조하고 있는 것은 철저한 순종입니다. 이성적으로 생각하면 일주일 동안 매일 돌면 일곱째 날에 무너질 것이라는 말씀은 이해하기 어려웠을 것입니다. 이런 인간의 생각을 누구보다 잘 아시는 하나님께서 이런 명령을 하신 이유는 무엇일까요? (참고/ 시 46:10)

6 다음 글을 읽고 여리고 성과 같은 불가능의 벽을 넘어서는 비결은 일상에서 하나님의 음성을 듣는 데 있다는 것을 생각해보세요.

빌 하이벨스 목사님이 쓰신《주의 음성》이란 책에는 다음과 같은 내용이 나옵니다. 윌로크릭 커뮤니티 교회를 시작한 지 몇 년 안 되어, 하이벨스 목사님은 사역에서 큰 위기를 맞게 됩니다.

“마침내 모든 사태가 위기에 빠져버렸다. 이제 내가 할 일은 엎드려서 하나님께 털어놓는 것뿐이었다. 나는 거기 엎드려서 거친 카펫에 비벼 붉어진 뺨을 하고 내 젖은 눈을 감은 채 하나님께 기도했다. 새벽 5시쯤 나는 오랫동안 기다린 하나님의 음성을 들었다. ‘네가 일어나서 출근하고 한 걸음씩 걷기 원한다. 그리고 오늘 내가 너와 함께하고 있다는 것을 기억하라. 내일도 똑같이 하길 원한다.’ 그게 다예요? 나는 아직 거기 엎드린 채 생각했다. ‘이게 내가 밤새도록 기도한 결과인가?’ 모든 것이 무너지고 끝날 상황 속에서 하나님의 거대한 해결책이 내가 그냥 ‘출근’하는 것이라니? 사실 나는 더 번뜩이는 것을 예상했다. 그러나 하나님의 답안은 그저 간단했다. ‘일어나서 출근해라. 네가 끝까지 완주하도록 내가 도울 거야.’ 나는 하나님의 손을 꽉 잡고 매번 한 주간의 설교를 준비했다. 교회가 당면한 거대한 문제들에 대한 즉석 해결책은 없었다. 그러나 우리가 어떻게든 헤쳐나가고 있을 때 위로의 하나님은 줄곧 우리 곁에 계셨다. 하나님은 우리를 견뎌내게 하시고 교회를 회복시키고 계셨다. 천천히, 하루씩.”

7 본문에서는 '언약궤' 혹은 '여호와의 궤'라는 단어가 가장 많이 등장합니다. 이 말은 여리고 성을 도는 이스라엘 민족에게 하나님께서 임재하고 계심을 뜻합니다. 여리고 성의 함락은 인간의 순종 위에 하나님께서 어떻게 임하시는지를 보여줍니다. 당신의 삶에 하나님의 임재의 증거가 있습니까? 우리 삶 속에서 하나님의 임재의 증거는 어떻게 나타날 수 있습니까?

삶의 열매를 거두며

믿음의 실천에서는 하나님께서 함께하신다는 증거가 중요합니다. 그리고 이것이 없으면 그저 개인적인 야망의 추구와 독단에 불과합니다. 일상에서 당신은 어떻게 하나님의 음성을 듣고 있습니까? 그것을 실천하기 위한 당신의 순종은 어떻게 나타나고 있습니까? 듣는 것으로 그치면 믿음이라 할 수 없습니다. 순종의 발로 실천할 때, 비로소 믿음의 열매를 거둘 수 있습니다. 믿음의 귀와 순종의 발을 갖기 위해 당신은 무엇을 결심하겠습니까?

Lesson 11

이방인에게 구원을 열었던 라합의 믿음

여호수아 6:17~27

17 이 성과 그 가운데에 있는 모든 것은 여호와께 온전히 바치되 기생 라합과
그 집에 동거하는 자는 모두 살려주라 이는 우리가 보낸 사자들을 그가 숨
겨주었음이니라
18 너희는 온전히 바치고 그 바친 것 중에서 어떤 것이든지 취하여 너희가 이
스라엘 진영으로 바치는 것이 되게 하여 고통을 당하게 되지 아니하도록 오
직 너희는 그 바친 물건에 손대지 말라
19 은금과 동철 기구들은 다 여호와께 구별될 것이니 그것을 여호와의 곳간에
들일지니라 하니라
20 이에 백성은 외치고 제사장들은 나팔을 불매 백성이 나팔 소리를 들을 때
에 크게 소리 질러 외치니 성벽이 무너져 내린지라 백성이 각기 앞으로 나
아가 그 성에 들어가서 그 성을 점령하고
21 그 성 안에 있는 모든 것을 온전히 바치되 남녀노소와 소와 양과 나귀를 칼
날로 멸하니라
22 여호수아가 그 땅을 정탐한 두 사람에게 이르되 그 기생의 집에 들어가서
너희가 그 여인에게 맹세한 대로 그와 그에게 속한 모든 것을 이끌어내라
하매
23 정탐한 젊은이들이 들어가서 라합과 그의 부모와 그의 형제와 그에게 속한
모든 것을 이끌어내고 또 그의 친족도 다 이끌어내어 그들을 이스라엘의 진
영 밖에 두고
24 무리가 그 성과 그 가운데에 있는 모든 것을 불로 사르고 은금과 동철 기구
는 여호와의 집 곳간에 두었더라

25 여호수아가 기생 라합과 그의 아버지의 가족과 그에게 속한 모든 것을 살렸으므
로 그가 오늘까지 이스라엘 중에 거주하였으니 이는 여호수아가 여리고를 정탐하
려고 보낸 사자들을 숨겼음이었더라
26 여호수아가 그때에 맹세하게 하여 이르되 누구든지 일어나서 이 여리고 성을 건
축하는 자는 여호와 앞에서 저주를 받을 것이라 그 기초를 쌓을 때에 그의 맏아
들을 잃을 것이요 그 문을 세울 때에 그의 막내아들을 잃으리라 하였더라
27 여호와께서 여호수아와 함께하시니 여호수아의 소문이 그 온 땅에 퍼지니라

마음의 문을 열며

세상의 평가 기준과 하나님의 평가 기준은 다릅니다. 그리스도인이라면 절대적으로 이에 동의할 것입니다. 그럼에도 실제 삶의 현장에서는 많은 사람들이 세상적인 가치 기준에 맞추어 살아가는 모습을 보게 됩니다. 어쩌면 우리의 몸이 세상과 충돌하지 않고 사는 것에 편안함을 느끼며 세속화되었기 때문인지도 모릅니다.

오늘 본문은 하나님께서 평가하시는 절대 가치가 무엇인지를 상기시켜줍니다. "세상적인 가치 기준으로 살지 마라. 나의 가치 기준으로 살아라." 세상의 기준으로는 미천한 신분에 불과한 라합이 가진 믿음을 세밀히 살펴보면, 하나님께서 중시하시는 절대 가치가 무엇인지 눈이 열리는 축복을 경험할 것입니다. 중력처럼 우리를 끌어당기는 세속적 가치를 잘라내고 하나님의 절대 가치에 우리의 마음이 접붙임 되는 시간이 되기를 바랍니다.

말씀의 씨를 뿌리며

1 여리고 성을 정복할 때 여호수아가 이스라엘 백성들에게 내린 명령은 무엇입니까?

• 17절

2 여리고 성을 정복한 후에 여호수아는 약속대로 라합과 그에게 속한 모든 사람을 살려주었습니다. 그들을 살려준 이유를 찾아보세요.

• 22절

3 이방인이자 밑바닥 인생이었던 기생 라합의 믿음으로 인해 그에게 속한 모든 사람들이 구원을 받았다는 사실을 통해, 하나님 나라에 들어갈 수 있는 자격에 대해 무엇을 깨닫습니까? (참고/ 갈 2:16)

4 여리고 성을 정복한 후에 그 성에 있는 모든 살아 있는 것은 진멸했습니다. 우리의 관점으로 보아서는 이것이 잔인해 보이고 하나님

의 속성과 대치되어 보일 수도 있습니다. 하나님은 왜 성 안의 살아 있는 모든 것을 진멸하라고 명령하셨을까요?

• 창 15:16

• 신 18:9~12

• 신 25:17~18

5 이스라엘 백성들이 가나안의 이방 풍속과 우상숭배 사상에 물들지 않도록 하기 위해 취하신 하나님의 조치는 오늘날에도 세속 문화 속에 살고 있는 우리에게 주는 분명한 교훈이 있습니다. 지금 교회 속에 들어온 세속 문화의 오염된 사례는 어떤 것들이 있습니까? 당신은 세속 문화에 물들지 않도록 얼마나 경계하며 살고 있습니까? (참고/ 요일 2:15~17)

6 다음 글을 읽고 한 사람의 믿음이 어떻게 세상에 복음의 문을 여는지 생각해보세요.

조셉은 아프리카 마사이족 전사였습니다. 어느 날 그는 복음을 듣고 예수님을 영접했습니다. 그때부터 성령의 능력이 그의 삶을 변화시키기 시작했습니다. 그의 가슴은 복음의 복된 소식을 부족 마을 사람들에게 전하려는 생각으로 뛰었습니다. 조셉은 집집마다 돌며 예수님을 전했습니다. 그러나 동네 사람들은 그를 붙잡아 가시줄로 때린 후, 마을 숲 속에서 죽게 내던져버렸습니다. 조셉은 간신히 물웅덩이를 찾아 목숨을 구했습니다. 그는 기력을 회복한 뒤, 마을로 돌아가 다시 복음을 전하기로 했습니다. 이번에도 마을 사람들은 그를 붙잡고 때렸습니다. 그리고 의식을 잃은 그를 다시 마을 밭에 던져 죽게 내버려두었습니다. 하지만 상처투성이의 조셉은 기적처럼 정신을 차렸고, 다시 마을로 돌아가기로 결심했습니다.

조셉이 돌아오자, 이번에는 마을 사람들이 그가 입을 열기도 전에 공격했습니다. 채찍질을 했는데, 이번만큼은 살아남을 가능성이 없었습니다. 그 와중에도 그는 다시 예수님을 전했습니다. 그가 정신을 잃기 전에 마지막으로 본 것은, 그를 때리던 마을 사람들의 눈에서 흐르는 눈물이었습니다. 눈을 떠보니, 자신의 침대였습니다. 그를 사정없이 매질하던 사람들이 그를 살리기 위해 애를 쓰며 극진히 간호하고 있었습니다. 그렇게 마을 전체가 그리스도를 영접했습니다. 조셉이 처음 복음을 전할 때는, 그때껏 대대손손 미신에 사로잡혀 있는 마을 사람들이 예수를 믿기란 불가능한 일이었습니다. 그러나 그런 불가능 속에서도 조셉이 품은 믿음의 씨앗이 뿌려졌고, 그 믿음은 현실이 되었습니다.[4)]

7 기생 라합은 그의 믿음으로 자신과 일가족이 구원을 받았습니다. 뿐만 아니라 라합은 예수님의 족보에도 이름을 올리는 은혜를 입었습니다. 이것은 하나님의 나라에 들어가는 것은 결코 혈연이나 외적인 조건이 아니라 하나님에 대한 순전한 믿음이 절대적임을 보여주고 있습니다. 당신은 믿음만이 우리를 하나님의 나라로 인도하는 것을 믿습니까? 우리 가운데 라합처럼 한 사람의 믿음으로 가족에게 구원의 문이 열린 경험이 있다면 시초와 과정과 현재의 모습을 나누어봅시다.

삶의 열매를 거두며

세상적으로는 외면을 받은 라합의 믿음을 통해 하나님은 이방 사람에게도 구원의 문을 열어놓으셨음을 확증했습니다. 하나님을 향한 순전한 믿음이 중요합니다. 라합의 믿음은, 여리고 성과 같이 죄가 관영(貫盈)한 가운데에서도 그를 빛나게 했습니다. 질그릇 같은 우리가 라합처럼 역사의 문을 여는 데 쓰임받기 위해서는 순전한 믿음이 있어야 합니다. 믿음생활 하는 것이 어려워지는 현실 속에서도 더욱 순전한 믿음을 지킬 수 있도록 결심하는 기도를 드립시다.

Lesson 12

하나님의 뜻대로 하는 회개

여호수아 7:1~26

1 이스라엘 자손들이 온전히 바친 물건으로 말미암아 범죄 하였으니 이는 유
다 지파 세라의 증손 삽디의 손자 갈미의 아들 아간이 온전히 바친 물건을
가졌음이라 여호와께서 이스라엘 자손들에게 진노하시니라
2 여호수아가 여리고에서 사람을 벧엘 동쪽 벧아웬 곁에 있는 아이로 보내며
그들에게 말하여 이르되 올라가서 그 땅을 정탐하라 하매 그 사람들이 올라
가서 아이를 정탐하고
3 여호수아에게로 돌아와 그에게 이르되 백성을 다 올라가게 하지 말고 이삼
천 명만 올라가서 아이를 치게 하소서 그들은 소수이니 모든 백성을 그리로
보내어 수고롭게 하지 마소서 하므로
4 백성 중 삼천 명쯤 그리로 올라갔다가 아이 사람 앞에서 도망하니
5 아이 사람이 그들을 삼십육 명쯤 쳐 죽이고 성문 앞에서부터 스바림까지 쫓
아가 내려가는 비탈에서 쳤으므로 백성의 마음이 녹아 물같이 된지라
6 여호수아가 옷을 찢고 이스라엘 장로들과 함께 여호와의 궤 앞에서 땅에 엎
드려 머리에 티끌을 뒤집어쓰고 저물도록 있다가
7 이르되 슬프도소이다 주 여호와여 어찌하여 이 백성을 인도하여 요단을 건
너게 하시고 우리를 아모리 사람의 손에 넘겨 멸망시키려 하셨나이까 우리
가 요단 저쪽을 만족하게 여겨 거주하였더면 좋을 뻔하였나이다
8 주여 이스라엘이 그의 원수들 앞에서 돌아섰으니 내가 무슨 말을 하오리이까
9 가나안 사람과 이 땅의 모든 사람들이 듣고 우리를 둘러싸고 우리 이름을
세상에서 끊으리니 주의 크신 이름을 위하여 어떻게 하시려 하나이까 하니
10 여호와께서 여호수아에게 이르시되 일어나라 어찌하여 이렇게 엎드렸느냐

11 이스라엘이 범죄 하여 내가 그들에게 명령한 나의 언약을 어겼으며 또한 그들이
온전히 바친 물건을 가져가고 도둑질하며 속이고 그것을 그들의 물건들 가운데
에 두었느니라
12 그러므로 이스라엘 자손들이 그들의 원수 앞에 능히 맞서지 못하고 그 앞에서 돌
아섰나니 이는 그들도 온전히 바친 것이 됨이라 그 온전히 바친 물건을 너희 중
에서 멸하지 아니하면 내가 다시는 너희와 함께 있지 아니하리라
13 너는 일어나서 백성을 거룩하게 하여 이르기를 너희는 내일을 위하여 스스로 거
룩하게 하라 이스라엘의 하나님 여호와의 말씀에 이스라엘아 너희 가운데에 온
전히 바친 물건이 있나니 너희가 그 온전히 바친 물건을 너희 가운데에서 제하기
까지는 네 원수들 앞에 능히 맞서지 못하리라
14 너희는 아침에 너희의 지파대로 가까이 나아오라 여호와께 뽑히는 그 지파는 그
족속대로 가까이 나아올 것이요 여호와께 뽑히는 족속은 그 가족대로 가까이 나
아올 것이요 여호와께 뽑히는 그 가족은 그 남자들이 가까이 나아올 것이며
15 온전히 바친 물건을 가진 자로 뽑힌 자를 불사르되 그와 그의 모든 소유를 그리
하라 이는 여호와의 언약을 어기고 이스라엘 가운데에서 망령된 일을 행하였음
이라 하셨다 하라
16 이에 여호수아가 아침 일찍이 일어나서 이스라엘을 그의 지파대로 가까이 나아오
게 하였더니 유다 지파가 뽑혔고
17 유다 족속을 가까이 나아오게 하였더니 세라 족속이 뽑혔고 세라 족속의 각 남자
를 가까이 나아오게 하였더니 삽디가 뽑혔고
18 삽디의 가족 각 남자를 가까이 나아오게 하였더니 유다 지파 세라의 증손이요 삽
디의 손자요 갈미의 아들인 아간이 뽑혔더라
19 그러므로 여호수아가 아간에게 이르되 내 아들아 청하노니 이스라엘의 하나님
여호와께 영광을 돌려 그 앞에 자복하고 네가 행한 일을 내게 알게 하라 그 일을
내게 숨기지 말라 하니
20 아간이 여호수아에게 대답하여 이르되 참으로 나는 이스라엘의 하나님 여호와께
범죄 하여 이러이러하게 행하였나이다
21 내가 노략한 물건 중에 시날 산의 아름다운 외투 한 벌과 은 이백 세겔과 그 무게
가 오십 세겔 되는 금덩이 하나를 보고 탐내어 가졌나이다 보소서 이제 그 물건
들을 내 장막 가운데 땅속에 감추었는데 은은 그 밑에 있나이다 하더라
22 이에 여호수아가 사자들을 보내매 그의 장막에 달려가 본즉 물건이 그의 장막 안
에 감추어져 있는데 은은 그 밑에 있는지라
23 그들이 그것을 장막 가운데서 취하여 여호수아와 이스라엘 모든 자손에게 가지

고 오매 그들이 그것을 여호와 앞에 쏟아놓으니라
24 여호수아가 이스라엘 모든 사람과 더불어 세라의 아들 아간을 잡고 그 은과 그
외투와 그 금덩이와 그의 아들들과 그의 딸들과 그의 소들과 그의 나귀들과 그의
양들과 그의 장막과 그에게 속한 모든 것을 이끌고 아골 골짜기로 가서
25 여호수아가 이르되 네가 어찌하여 우리를 괴롭게 하였느냐 여호와께서 오늘 너
를 괴롭게 하시리라 하니 온 이스라엘이 그를 돌로 치고 물건들도 돌로 치고 불
사르고
26 그 위에 돌무더기를 크게 쌓았더니 오늘까지 있더라 여호와께서 그의 맹렬한 진
노를 그치시니 그러므로 그곳 이름을 오늘까지 아골 골짜기라 부르더라

마음의 문을 열며

성경을 읽는 중에 마음을 안타깝게 하는 본문이 있습니다. 아간의 범죄와 이스라엘의 패배를 다룬 본문이 그중의 하나입니다. 아간 한 사람의 죄로 인해서 가문이 멸절되고, 한 민족이 패했습니다.

아간은 죄를 지었고, 하나님께서는 그 죄를 벌하셨습니다. 성경 기자가 아간의 사건을 자세히 기록한 이유는 우리에게 죄에 대해서 크게 경계를 삼고자 함입니다. 오늘 말씀 속에서 무엇으로부터 죄가 시작되고, 죄의 결과는 무엇이며, 하나님께서 죄를 어떻게 다루시는지를 깊이 살필 수 있기를 바랍니다.

죄성을 타고난 우리 중에 아무도 아간의 죄에서 자유한 사람은 없습니다. 그러하기에 다시 한 번 죄와 관련해서 자신을 깊이 살피고 우리 속에 결코 죄를 두기를 원치 않으시는 거룩하신 하나님 앞에 엎드리는 시간이 되기를 바랍니다.

말씀의 씨를 뿌리며

1 여리고 성의 승리로 이스라엘 백성들은 사기충천했으나 아이 성 공격에서는 패배했습니다. 아이 성에서의 대패는 이스라엘 백성에 대한 하나님의 진노의 결과입니다. 하나님께서 진노하신 이유는 무엇입니까?

• 1절

2 아간이 죄를 범했음에도 불구하고 하나님은 이스라엘이 죄를 범했다고 말씀합니다. 아간의 죄로 인해 하나님은 이스라엘 민족에게 진노하셨습니다. 한 사람의 죄를 이스라엘 공동체의 죄로 여기신 이유는 무엇입니까? 또 아간의 범죄에 대한 하나님의 진노하심을 보면서 가나안 전쟁이 어떤 전쟁임을 깨닫게 됩니까?

• 레 26:12

• 수 6:18

3 아간과 그의 가족의 진멸은 라합과 그의 가족을 떠올리게 합니다. 여호수아서에 유일하게 사 대에 걸쳐서 족보가 나와 있는 것으로 보아 아간의 가족은 당시 이스라엘 중에서 명문가에 속했음을 짐작할 수 있습니다. 반면에 기생 라합은 정반대의 입장에 서 있었습니다. 그런데 이스라엘의 족속이요 당연히 구원을 받는 일에 선두에 서야 했던 아간의 가족은 멸절당하고, 하나님의 버림을 받아도 전혀 이상할 것이 없는 가나안 족속 기생 라합의 가족은 구원받는 것을 보면서 그 이유를 생각하고 말해보세요. (참고/ 잠 18:12; 딤전 1:4)

4 아간의 범죄로 인한 이스라엘 백성의 참패에 대한 여호수아의 반응은 어떠했으며 여기에 대한 하나님의 처방은 무엇입니까?

• 9~10절

5 아간이 자신의 범죄 사실을 고백하며 죄를 짓게 된 동기를 무엇이라고 이야기합니까? 에덴동산에서 범죄 했던 하와의 고백과 비교해보고, 우리 속에 흐르는 죄 된 습성을 깨뜨리기 위해 어떻게 해야 하는지 나누어보세요.

• 21절

• 창 3:6

6 다음 글을 읽고 은폐된 죄가 얼마나 사람을 무력하게 만들고 하나님께 나아가는 것을 방해하는지 생각해보세요.

은폐된 죄를 숨기면서도 마치 완전히 숨길 수 있는 것처럼 살아가는 사람들이 있습니다. 마치 추리공포 소설의 대가인 에드거 앨런 포의 소설 〈고자질하는 심장(The Tell-Tale Heart)〉에 나오는 주인공처럼 말입니다. 그는 사람을 죽이고 마루 밑에 시체를 묻었습니다. 그리고 얼마 후에 경찰의 심문을 받게 되었는데, 처음에는 자신의 비밀을 지킬 수 있다는 확신으로 가득 찼습니다. 너무도 자신에 차 있었기 때문에 질문이 계속되는 동안 시체를 매장한 바로 그 자리 위에 의자를 놓고 앉아 자신에 찬 목소리로 대답을 합니다. 그런데 마루 밑에서 쿵쿵거리는 소리가 들리자 그의 얼굴은 창백해지고 말은 빨라지기 시작했습니다. 그는 그 소리가 죽은 자의 심장 소리라고 확신했지만, 사실은 두려움과 공포에 의한 자신의 심장 소리였습니다. 그는 엄청난 심리적, 감정적인 부담을 견디지 못하고 자백을 합니다. 이것은 인간이 겉으로 죄를 성공적으로 은폐하는 것처럼 보이지만 실상은 그것으로 인해 얼마나 자신의 삶이 무력해지고 고갈되는지를 보여주고 있습니다.

7 아간의 범죄로 인한 하나님의 진노와 여호수아의 엎드림, 그리고 하나님의 처방은 가나안 전쟁의 승패는 인간의 지혜나 전략보다는 하나님의 명령에 대한 절대적인 순종에 달려 있음을 보여줍니다. 이것은 여호수아서의 기록 목적이 단순히 이스라엘의 연대기적 가나안 전쟁을 기록하는 것이 아니라 하나님의 절대적 주권을 드러내는 것에 있음을 나타내 보여줍니다. 이러한 사실이 우리 각자의 삶에 주는 깨우침은 무엇입니까? 그리고 당신의 삶을 영적 승리로 이끌기 위해서 어떤 결심을 해야 하겠습니까?

삶의 열매를 거두며

하나님은 결코 만홀히 여김을 받지 않으시는 분입니다(사 1:4). 죄를 짓고도 살아 있는 것은 우리로 하여금 회개할 기회를 주시고자 함입니다. 죄인이 하나님 앞에 나갈 수는 있지만, 지속적인 죄, 의도적인 죄를 지으면서 하나님 앞에 나갈 수는 없습니다. 죄에 대해서 다시 한 번 자신을 경계하며, 만일 지금 죄 중에 있다면 과감히 죄의 손아귀를 잘라내는 결단과 기도를 드립시다.

Lesson 13

새로운 회복의 제단

여호수아 8:1~35

1 여호와께서 여호수아에게 이르시되 두려워하지 말라 놀라지 말라 군사를 다
거느리고 일어나 아이로 올라가라 보라 내가 아이 왕과 그의 백성과 그의 성
읍과 그의 땅을 다 네 손에 넘겨주었으니
2 너는 여리고와 그 왕에게 행한 것같이 아이와 그 왕에게 행하되 오직 거기서
탈취할 물건과 가축은 스스로 가지라 너는 아이 성 뒤에 복병을 둘지니라 하
시니
3 이에 여호수아가 일어나서 군사와 함께 아이로 올라가려 하여 용사 삼만 명
을 뽑아 밤에 보내며
4 그들에게 명령하여 이르되 너희는 성읍 뒤로 가서 성읍을 향하여 매복하되
그 성읍에서 너무 멀리하지 말고 다 스스로 준비하라
5 나와 나를 따르는 모든 백성은 다 성읍으로 가까이 가리니 그들이 처음과 같
이 우리에게로 쳐 올라올 것이라 그리할 때에 우리가 그들 앞에서 도망하면
6 그들이 나와서 우리를 추격하며 이르기를 그들이 처음과 같이 우리 앞에서
도망한다 하고 우리의 유인을 받아 그 성읍에서 멀리 떠날 것이라 우리가 그
들 앞에서 도망하거든
7 너희는 매복한 곳에서 일어나 그 성읍을 점령하라 너희 하나님 여호와께서
그 성읍을 너희 손에 주시리라
8 너희가 그 성읍을 취하거든 그것을 불살라 여호와의 말씀대로 행하라 보라
내가 너희에게 명령하였느니라 하고
9 그들을 보내매 그들이 매복할 곳으로 가서 아이 서쪽 벧엘과 아이 사이에 매
복하였고 여호수아는 그 밤에 백성 가운데에서 잤더라

10 여호수아가 아침에 일찍이 일어나 백성을 점호하고 이스라엘 장로들과 더불어 백
성에 앞서 아이로 올라가매
11 그와 함께한 군사가 다 올라가서 그 성읍 앞에 가까이 이르러 아이 북쪽에 진 치
니 그와 아이 사이에는 한 골짜기가 있더라
12 그가 약 오천 명을 택하여 성읍 서쪽 벧엘과 아이 사이에 매복시키니
13 이와 같이 성읍 북쪽에는 온 군대가 있고 성읍 서쪽에는 복병이 있었더라 여호수
아가 그 밤에 골짜기 가운데로 들어가니
14 아이 왕이 이를 보고 그 성읍 백성과 함께 일찍이 일어나 급히 나가 아라바 앞에
이르러 정한 때에 이스라엘과 싸우려 하나 성읍 뒤에 복병이 있는 줄은 알지 못
하였더라
15 여호수아와 온 이스라엘이 그들 앞에서 거짓으로 패한 척하여 광야 길로 도망하매
16 그 성읍에 있는 모든 백성이 그들을 추격하려고 모여 여호수아를 추격하며 유인
함을 받아 아이 성읍을 멀리 떠나니
17 아이와 벧엘에 이스라엘을 따라가지 아니한 자가 하나도 없으며 성문을 열어놓고
이스라엘을 추격하였더라
18 여호와께서 여호수아에게 이르시되 네 손에 잡은 단창을 들어 아이를 가리키라
내가 이 성읍을 네 손에 넘겨주리라 여호수아가 그의 손에 잡은 단창을 들어 그
성읍을 가리키니
19 그의 손을 드는 순간에 복병이 그들의 자리에서 급히 일어나 성읍으로 달려 들어
가서 점령하고 곧 성읍에 불을 놓았더라
20 아이 사람이 뒤를 돌아본즉 그 성읍에 연기가 하늘에 닿은 것이 보이니 이 길로
도 저 길로도 도망할 수 없이 되었고 광야로 도망하던 이스라엘 백성은 그 추격
하던 자에게로 돌아섰더라
21 여호수아와 온 이스라엘이 그 복병이 성읍을 점령함과 성읍에 연기가 오름을 보
고 다시 돌이켜 아이 사람들을 쳐 죽이고
22 복병도 성읍에서 나와 그들을 치매 그들이 이스라엘 중간에 든지라 어떤 사람들
은 이쪽에서 어떤 사람들은 저쪽에서 쳐 죽여서 한 사람도 남거나 도망하지 못하
게 하였고
23 아이 왕을 사로잡아 여호수아 앞으로 끌어왔더라
24 이스라엘이 자기들을 광야로 추격하던 모든 아이 주민을 들에서 죽이되 그들을
다 칼날에 엎드러지게 하여 진멸하기를 마치고 온 이스라엘이 아이로 돌아와서
칼날로 죽이매
25 그날에 엎드러진 아이 사람들은 남녀가 모두 만이천 명이라

26 아이 주민들을 진멸하여 바치기까지 여호수아가 단창을 잡아 든 손을 거두지 아
니하였고
27 오직 그 성읍의 가축과 노략한 것은 여호와께서 여호수아에게 명령하신 대로 이
스라엘이 탈취하였더라
28 이에 여호수아가 아이를 불살라 그것으로 영원한 무더기를 만들었더니 오늘까지
황폐하였으며
29 그가 또 아이 왕을 저녁때까지 나무에 달았다가 해 질 때에 명령하여 그의 시체
를 나무에서 내려 그 성문 어귀에 던지고 그 위에 돌로 큰 무더기를 쌓았더니 그
것이 오늘까지 있더라
30 그때에 여호수아가 이스라엘의 하나님 여호와를 위하여 에발 산에 한 제단을 쌓
았으니
31 이는 여호와의 종 모세가 이스라엘 자손에게 명령한 것과 모세의 율법책에 기록
된 대로 쇠 연장으로 다듬지 아니한 새 돌로 만든 제단이라 무리가 여호와께 번
제물과 화목제물을 그 위에 드렸으며
32 여호수아가 거기서 모세가 기록한 율법을 이스라엘 자손의 목전에서 그 돌에 기
록하매
33 온 이스라엘과 그 장로들과 관리들과 재판장들과 본토인뿐 아니라 이방인까지 여
호와의 언약궤를 멘 레위 사람 제사장들 앞에서 궤의 좌우에 서되 절반은 그리
심 산 앞에, 절반은 에발 산 앞에 섰으니 이는 전에 여호와의 종 모세가 이스라엘
백성에게 축복하라고 명령한 대로 함이라
34 그 후에 여호수아가 율법책에 기록된 모든 것대로 축복과 저주하는 율법의 모든
말씀을 낭독하였으니
35 모세가 명령한 것은 여호수아가 이스라엘 온 회중과 여자들과 아이와 그들 중에
동행하는 거류민들 앞에서 낭독하지 아니한 말이 하나도 없었더라

마음의 문을 열며

세상은 실패자를 외면하지만 하나님은 실패자를 오라고 하십니다. 세상은 약한 자를 짓누르고 작은 자를 업신여기지만, 하나님은 약한 자, 작은 자를 사용하여 하나님의 역사를 이루십니다. 세상은 패자부활을 허용하지 않지만, 하나님은 언제라도 다시금 일어서는 길을 열어놓습니다. 신앙인에게는 넘어질 때마다 다시 일어설 수 있는 길이 있다는 것이 얼마나 감사하고 다행인지 모릅니다.

하나님은 이스라엘 백성들에게 새로운 회복의 제단을 쌓게 하셨습니다. 다시 한 번 '나의 제단에 너희의 마음을 드려서 새로운 꿈, 새로운 전략을 가지고 살아가라'는 말씀을 하시는 것입니다.

오늘 말씀을 통해서 실패자, 작은 자, 약한 자라도 다시 일어서는 힘을 얻기 바랍니다. 어떻게 하나님께서 실패한 사람을 다시 일으키시는지 세밀하게 주목하십시오. 그리하여 하나님께서 원하시는 제단에 다시 한 번 우리의 마음을 드려서 개인적으로, 교회적으로 하나님께서 원하시는 꿈을 새롭게 회복하는 시간이 되기를 바랍니다.

말씀의 씨를 뿌리며

1 아이 성 공략의 실패로 망연자실했던 여호수아에게 하나님께서 주신 말씀은 무엇입니까?

• 1절

2 하나님 말씀을 의지하여 수립한 여호수아의 아이 성 정복 전략을 설명하고 왜 하나님이 이런 전략을 주셨는지, 이스라엘 백성들이 무엇을 깨닫기 원하셨을지 생각해봅시다.

• 3~7절

• 잠 16:18

3 하나님께서 여호수아에게 약속하신 대로 아이 성 공략에 직접적으로 개입하십니다. 여호수아는 하나님의 인도하심에 어떻게 반응합니까? 다음 구절이 무엇을 의미하는지 생각해보고 나누어보세요.

• 18절

4 죄로 인해 슬픔과 참담함에 빠졌던 이스라엘 백성들은 하나님의 다시 일으키심과 여호수아와 이스라엘 백성들의 적극적인 순종으로 승리하게 됩니다. 성경 기자는 이스라엘 백성들과 하나님의 관계가 회복되었음을 어떻게 설명하고 있는지 찾아보고 그 장면이 어떠하였을지 자신의 말로 설명해보세요.

• 30절

• 32절

• 34절

5 여호수아와 이스라엘 백성들이 참담한 실패 후에 다시금 새로운 회복의 제단을 쌓고, 말씀을 기록하고, 그 말씀을 청종하였다는 사실이 당신에게 주는 교훈은 무엇인지 나누어보세요. (참고/ 잠 24:16)

6 다음 글을 읽고 하나님께 제단을 쌓는 것이 왜 사람을 영적으로 회복시키시는지를 묵상해보세요.

진정한 예배는 자기중심성에 갇혀 살던 사람의 생각과 마음을 하나님 중심으로 바꾸어놓습니다. 그래서 신령한 방향 전환이 일어나면서 이로 인해 거룩한 고민이 시작되는 것입니다. 쉽게 말해서 예배자의 거룩한 고민은 아래만 바라보던 시선을 위를 보는 시선으로 바꾸면서 일어나는 고민이라고 할 수 있습니다. 로마의 한 시인은 "인간과 짐승의 차이는 인간은 위를 보는 반면 짐승은 아래를 본다는 것"이라고 말했습니다. 예배의 제단에 자신을 올려놓은 사람은 더 이상 짐승처럼 땅만 바라보는 육체적 소욕으로 살지 않고 거듭난 인간으로서 위를 바라보는 신령한 소욕의 사람으로 바뀌는 과정에서 거룩한 고민이 일어나는 것입니다.[5)]

7 세상은 아홉 번을 성공해도 열 번째 실패하면 실패한 인생으로 살아갈 수밖에 없지만, 신앙인은 열 번을 실패해도 주님께 나아가기만 하면 다시금 일어설 수 있는 길이 열립니다. 이것이 우리가 아이 성에 대한 이스라엘의 좌절과 회복에서 살펴야 할 진의(眞意)입니다. 우리가 실패한 자리에서도 하나님의 말씀을 듣는 길은 무엇이며, 어떻게 하면 그 말씀을 다시금 붙잡고 나아갈 수 있는지 개인적인 경험을 통해 이야기해봅시다.

삶의 열매를 거두며

지금 실패한 자리에 있습니까? 그렇다면 "두려워하지 말고 다시 올라가라"는 하나님의 말씀에 온전히 순종해야 합니다. 순종으로 회복했습니까? 그렇다면 이제는 이스라엘 백성들처럼 영적인 에발 산에서 제단을 쌓고 자신의 죄를 태우는 번제와 하나님과의 관계를 회복하는 화목제를 드려야 합니다. 동시에 그리심 산에서의 축복의 말씀을 나누는 자리로 올라가야 합니다. 우리의 실패에도 불구하고 하나님께서 우리 속에 에발 산의 회복과 그리심 산의 축복의 제단을 쌓게 하시는 그 은혜에 감사의 기도를 올려드립시다.

Lesson 14

인간의 실패를 뛰어넘는 목자의 심정

여호수아 9:1~27

1 이 일 후에 요단 서쪽 산지와 평지와 레바논 앞 대해 연안에 있는 헷 사람과
아모리 사람과 가나안 사람과 브리스 사람과 히위 사람과 여부스 사람의 모
든 왕들이 이 일을 듣고
2 모여서 일심으로 여호수아와 이스라엘에 맞서서 싸우려 하더라
3 기브온 주민들이 여호수아가 여리고와 아이에 행한 일을 듣고
4 꾀를 내어 사신의 모양을 꾸미되 해어진 전대와 해어지고 찢어져서 기운 가
죽 포도주 부대를 나귀에 싣고
5 그 발에는 낡아서 기운 신을 신고 낡은 옷을 입고 다 마르고 곰팡이가 난
떡을 준비하고
6 그들이 길갈 진영으로 가서 여호수아에게 이르러 그와 이스라엘 사람들에
게 이르되 우리는 먼 나라에서 왔나이다 이제 우리와 조약을 맺읍시다 하니
7 이스라엘 사람들이 히위 사람에게 이르되 너희가 우리 가운데에 거주하는
듯하니 우리가 어떻게 너희와 조약을 맺을 수 있으랴 하나
8 그들이 여호수아에게 이르되 우리는 당신의 종들이니이다 하매 여호수아가
그들에게 묻되 너희는 누구며 어디서 왔느냐 하니
9 그들이 여호수아에게 대답하되 종들은 당신의 하나님 여호와의 이름으로
말미암아 심히 먼 나라에서 왔사오니 이는 우리가 그의 소문과 그가 애굽에
서 행하신 모든 일을 들으며
10 또 그가 요단 동쪽에 있는 아모리 사람의 두 왕들 곧 헤스본 왕 시혼과 아
스다롯에 있는 바산 왕 옥에게 행하신 모든 일을 들었음이니이다
11 그러므로 우리 장로들과 우리나라의 모든 주민이 우리에게 말하여 이르되
너희는 여행할 양식을 손에 가지고 가서 그들을 만나서 그들에게 이르기를
우리는 당신들의 종들이니 이제 우리와 조약을 맺읍시다 하라 하였나이다

12 우리의 이 떡은 우리가 당신들에게로 오려고 떠나던 날에 우리들의 집에서 아직
도 뜨거운 것을 양식으로 가지고 왔으나 보소서 이제 말랐고 곰팡이가 났으며
13 또 우리가 포도주를 담은 이 가죽 부대도 새것이었으나 찢어지게 되었으며 우리
의 이 옷과 신도 여행이 매우 길었으므로 낡아졌나이다 한지라
14 무리가 그들의 양식을 취하고는 어떻게 할지를 여호와께 묻지 아니하고
15 여호수아가 곧 그들과 화친하여 그들을 살리리라는 조약을 맺고 회중 족장들이
그들에게 맹세하였더라
16 그들과 조약을 맺은 후 사흘이 지나서야 그들이 이웃에서 자기들 중에 거주하는
자들이라 함을 들으니라
17 이스라엘 자손이 행군하여 셋째 날에 그들의 여러 성읍들에 이르렀으니 그들의
성읍들은 기브온과 그비라와 브에롯과 기랏여아림이라
18 그러나 회중 족장들이 이스라엘의 하나님 여호와로 그들에게 맹세했기 때문에
이스라엘 자손이 그들을 치지 못한지라 그러므로 회중이 다 족장들을 원망하니
19 모든 족장이 온 회중에게 이르되 우리가 이스라엘의 하나님 여호와로 그들에게
맹세하였은즉 이제 그들을 건드리지 못하리라
20 우리가 그들에게 맹세한 맹약으로 말미암아 진노가 우리에게 임할까 하노니 이렇
게 행하여 그들을 살리리라 하고
21 무리에게 이르되 그들을 살리라 하니 족장들이 그들에게 이른 대로 그들이 온 회
중을 위하여 나무를 패며 물을 긷는 자가 되었더라
22 여호수아가 그들을 불러다가 말하여 이르되 너희가 우리 가운데에 거주하면서 어
찌하여 심히 먼 곳에서 왔다고 하여 우리를 속였느냐
23 그러므로 너희가 저주를 받나니 너희가 대를 이어 종이 되어 다 내 하나님의 집
을 위하여 나무를 패며 물을 긷는 자가 되리라 하니
24 그들이 여호수아에게 대답하여 이르되 당신의 하나님 여호와께서 그의 종 모세
에게 명령하사 이 땅을 다 당신들에게 주고 이 땅의 모든 주민을 당신들 앞에서
멸하라 하신 것이 당신의 종들에게 분명히 들리므로 당신들로 말미암아 우리의
목숨을 잃을까 심히 두려워하여 이같이 하였나이다
25 보소서 이제 우리가 당신의 손에 있으니 당신의 의향에 좋고 옳은 대로 우리에게
행하소서 한지라
26 여호수아가 곧 그대로 그들에게 행하여 그들을 이스라엘 자손의 손에서 건져서
죽이지 못하게 하니라
27 그날에 여호수아가 그들을 여호와께서 택하신 곳에서 회중을 위하며 여호와의
제단을 위하여 나무를 패며 물을 긷는 자들로 삼았더니 오늘까지 이르니라

마음의 문을 열며

한 가정에서 태어난 자녀들이라도 부모의 마음을 움켜쥐는 아이는 따로 있습니다. 부모에게 자녀들이 효도를 할 때 자신이 원하는 효를 하는 자녀가 있고, 부모가 원하는 효를 행하는 자녀가 있습니다. 후자는 부모의 마음을 아는 자입니다.

예수님을 믿으면 모두가 하나님의 자녀가 되지만, 모두가 하나님의 마음에 합한 자가 되는 것은 아닙니다. 내가 원하는 섬김이 아니라, 하나님께서 원하시는 섬김, 내가 원하는 희생이 아니라, 하나님께서 원하시는 희생을 하는 자가 하나님의 마음에 합한 자입니다.

오늘 본문에서는 마땅히 죽임을 당해야 할 기브온 사람들이 어떻게 하나님께 구원을 받는지, 또 이스라엘 지도자의 실패를 하나님께서 어떻게 구원의 방편으로 사용하시는지를 보여줍니다. 말씀 속에서 우리의 실패를 다루시는 하나님의 심정에 눈이 열리고, 비록 부족한 자라도 하나님의 마음에 합한 자가 되는 비결을 찾을 수 있기를 바랍니다.

말씀의 씨를 뿌리며

1 가나안 족속이었던 기브온 사람들은 이스라엘의 공격으로부터 자신들이 살아남기 위해 어떤 꾀를 냅니까?

• 4~9절

2 이스라엘 지도자들이 기브온 족속의 속임수를 믿게 된 증거물은 무엇이었습니까?

• 12~13절

3 무엇보다도 여호수아를 비롯한 이스라엘 지도자가 기브온의 꾀에 속게 된 결정적인 이유는 무엇입니까? 이것은 당시 이스라엘 지도자의 심적인 상태가 어떠했음을 보여주는지 기브온 거민들의 태도와 비교해보세요.

• 14절

• 24절

4 본문의 이스라엘 지도자들처럼 하나님께 묻지 않고 주관적으로 판단하여 실수했던 경험이 있다면 경험담과 그 후 깨닫게 된 진리를 나누어보세요.

5 가나안 부족이었던 기브온 사람들을 살려둔다는 것은 이스라엘의 신앙의 순수성을 위협하는 일이었습니다. 이것은 여호수아와 이스라엘 지도자들의 치명적인 실수임이 분명합니다. 그럼에도 불구하고 이스라엘의 역사를 보면 하나님은 이들의 실패를 실패로 끝내지 않고 은혜로 돌려놓으셨음을 엿볼 수 있습니다. 당신은 이러한 하나님의 일하시는 방식에서 무엇을 느낍니까?

• 느 3:7

• 느 7:25

6 다음 글을 읽고 하나님께서 실패를 어떻게 선으로 돌려놓으시는지 묵상해보세요.

한 젊은이가 신학교 근처에 있는 시골 교회에서 첫 설교를 하게 되었다. 높은 설교단에 선 그는 인용할 성구를 그만 잊어버리고 말았다. 그는 설교단에서 도망쳐 나오면서 이렇게 소리쳤다. "난 완전히 실패자야. 다시는 설교하지 않겠어!"
미국에 오기 25년 전쯤에 나는 중앙아프리카로 파견되었다. 그곳에서 나는 빅토리아 폭포 근처에 있는 거대한 잠베지 강 제방 위에 있는 호텔에서 업무상 사람을 만나게 되었다. 나는 쉬는 시간에 폭포 끝까지 산보했다. 그곳에 성구를 잊어버린 그 설교자의 동상이 그가 1855년에 발견한 폭포와 나란히 세워져 있었다. 그 거대한 동상 아래에 큰 글자로 새겨진 그의 이름은 바로 데이비드 리빙스턴이다. 그는 단지 일생의 궤도를 조금 수정했을 뿐, 실패하지는 않았다.
그리스도의 생애를 생각해보라. 인간적 견지에서 보면 그분의 생애는 대실패였다. 그렇게 젊은 나이에 십자가 위에서 범죄자로 죽은 그의 이야기는 성공과 아무 관련이 없다. "하나님께서는 예수 그리스도를 완전히 실패작인 것처럼 만들었다." 인간의 관점에서 보면 예수님의 생애는 완전한 실패작이었다. 그러나 하나님의 관점에서 보면 세상을 위한 그분의 완벽한 계획을 이루는 커다란 승리였다.[6]

7 가나안의 이방 사람이었던 기브온 족속은 마땅히 죽임을 당할 수밖에 없는 존재였지만, 하나님의 성전에서 섬기는 자가 되었고, 나중에는 무너진 예루살렘 성벽을 재건하는 일에 귀히 쓰임받았습니다. 중요한 것은 그들의 절대적 자격 미달에도 불구하고 그들을 은혜의 자리로 인도하신 것입니다. 하나님께서 기브온 족속처럼 극동아시아의 이방인에 불과한 우리를 택하셔서 세계 선교의 귀한 역할을 감당하게 하신 이유를 생각해보고, 이것이 오늘날 우리 각자에게 주는 교훈을 찾아 나누어봅시다. (참고/ 신 7:7)

삶의 열매를 거두며

어떤 의미에서 하나님은 기브온 족속에게 스스로 속임을 당하셨다고 할 수 있습니다. 하나님이 그들을 막으려고 하셨다면 얼마든지 하실 수 있었지만 하나님은 기브온의 시도를 결코 막지 않으셨습니다. 왜냐하면 그들에게서 하나님을 두려워하고 하나님의 공동체에 속하려는 간절함을 보셨기 때문입니다. 죽임을 당해야 할 기브온 사람들을 그렇게 살리셨다면, 예수님의 보혈로 구원받은 우리를 하나님께서 어떻게 대하실지는 너무도 분명합니다. 하나님 앞에 감히 고개를 들 수 없는 죄와 실패 속에 있습니까? 다시금 하나님에 대한 두려움과 간절함을 회복함으로 우리의 실패조차 거룩한 도구로 사용하시는 하나님께 감사의 기도를 드립시다.

Lesson 15

하나님 편에 서 있는가?

여호수아 10:1~43

1 그때에 여호수아가 아이를 빼앗아 진멸하되 여리고와 그 왕에게 행한 것같
이 아이와 그 왕에게 행한 것과 또 기브온 주민이 이스라엘과 화친하여 그
중에 있다 함을 예루살렘 왕 아도니세덱이 듣고
2 크게 두려워하였으니 이는 기브온은 왕도와 같은 큰 성임이요 아이보다 크
고 그 사람들은 다 강함이라
3 예루살렘 왕 아도니세덱이 헤브론 왕 호함과 야르뭇 왕 비람과 라기스 왕
야비아와 에글론 왕 드빌에게 보내어 이르되
4 내게로 올라와 나를 도우라 우리가 기브온을 치자 이는 기브온이 여호수아
와 이스라엘 자손과 더불어 화친하였음이니라 하매
5 아모리 족속의 다섯 왕들 곧 예루살렘 왕과 헤브론 왕과 야르뭇 왕과 라기
스 왕과 에글론 왕이 함께 모여 자기들의 모든 군대를 거느리고 올라와 기
브온에 대진하고 싸우니라
6 기브온 사람들이 길갈 진영에 사람을 보내어 여호수아에게 전하되 당신의
종들 돕기를 더디게 하지 마시고 속히 우리에게 올라와 우리를 구하소서 산
지에 거주하는 아모리 사람의 왕들이 다 모여 우리를 치나이다 하매
7 여호수아가 모든 군사와 용사와 더불어 길갈에서 올라가니라
8 그때에 여호와께서 여호수아에게 이르시되 그들을 두려워하지 말라 내가
그들을 네 손에 넘겨주었으니 그들 중에서 한 사람도 너를 당할 자 없으리
라 하신지라
9 여호수아가 길갈에서 밤새도록 올라가 갑자기 그들에게 이르니
10 여호와께서 그들을 이스라엘 앞에서 패하게 하시므로 여호수아가 그들을

기브온에서 크게 살륙하고 벧호론에 올라가는 비탈에서 추격하여 아세가와 막게
다까지 이르니라
11 그들이 이스라엘 앞에서 도망하여 벧호론의 비탈에서 내려갈 때에 여호와께서 하
늘에서 큰 우박 덩이를 아세가에 이르기까지 내리시매 그들이 죽었으니 이스라
엘 자손의 칼에 죽은 자보다 우박에 죽은 자가 더 많았더라
12 여호와께서 아모리 사람을 이스라엘 자손에게 넘겨주시던 날에 여호수아가 여호
와께 아뢰어 이스라엘의 목전에서 이르되 태양아 너는 기브온 위에 머무르라 달
아 너도 아얄론 골짜기에서 그리할지어다 하매
13 태양이 머물고 달이 멈추기를 백성이 그 대적에게 원수를 갚기까지 하였느니라
야살의 책에 태양이 중천에 머물러서 거의 종일토록 속히 내려가지 아니하였다고
기록되지 아니하였느냐
14 여호와께서 사람의 목소리를 들으신 이 같은 날은 전에도 없었고 후에도 없었나
니 이는 여호와께서 이스라엘을 위하여 싸우셨음이니라
15 여호수아가 온 이스라엘과 더불어 길갈 진영으로 돌아왔더라
…
28 그날에 여호수아가 막게다를 취하고 칼날로 그 성읍과 왕을 쳐서 그 성읍과 그중
에 있는 모든 사람을 진멸하여 바치고 한 사람도 남기지 아니하였으니 막게다 왕
에게 행한 것이 여리고 왕에게 행한 것과 같았더라
29 여호수아가 온 이스라엘과 더불어 막게다에서 립나로 나아가서 립나와 싸우매
30 여호와께서 또 그 성읍과 그 왕을 이스라엘의 손에 붙이신지라 칼날로 그 성읍과
그중의 모든 사람을 쳐서 멸하여 한 사람도 남기지 아니하였으니 그 왕에게 행한
것이 여리고 왕에게 행한 것과 같았더라
31 여호수아가 또 온 이스라엘과 더불어 립나에서 라기스로 나아가서 대진하고 싸우
더니
32 여호와께서 라기스를 이스라엘의 손에 넘겨주신지라 이튿날에 그 성읍을 점령하
고 칼날로 그것과 그 안의 모든 사람을 쳐서 멸하였으니 립나에 행한 것과 같았
더라
33 그때에 게셀 왕 호람이 라기스를 도우려고 올라오므로 여호수아가 그와 그의 백
성을 쳐서 한 사람도 남기지 아니하였더라
34 여호수아가 온 이스라엘과 더불어 라기스에서 에글론으로 나아가서 대진하고 싸워
35 그날에 그 성읍을 취하고 칼날로 그것을 쳐서 그중에 있는 모든 사람을 당일에
진멸하여 바쳤으니 라기스에 행한 것과 같았더라
36 여호수아가 또 온 이스라엘과 더불어 에글론에서 헤브론으로 올라가서 싸워

37 그 성읍을 점령하고 그것과 그 왕과 그 속한 성읍들과 그중의 모든 사람을 칼날
로 쳐서 하나도 남기지 아니하였으니 그 성읍들과 그중의 모든 사람을 진멸하여
바친 것이 에글론에 행한 것과 같았더라
38 여호수아가 온 이스라엘과 더불어 돌아와서 드빌에 이르러 싸워
39 그 성읍과 그 왕과 그 속한 성읍들을 점령하고 칼날로 그 성읍을 쳐서 그 안의
모든 사람을 진멸하여 바치고 하나도 남기지 아니하였으니 드빌과 그 왕에게 행
한 것이 헤브론에 행한 것과 같았으며 립나와 그 왕에게 행한 것과 같았더라
40 이와 같이 여호수아가 그 온 땅 곧 산지와 네겝과 평지와 경사지와 그 모든 왕을
쳐서 하나도 남기지 아니하고 호흡이 있는 모든 자는 다 진멸하여 바쳤으니 이스
라엘의 하나님 여호와께서 명령하신 것과 같았더라
41 여호수아가 또 가데스 바네아에서 가사까지와 온 고센 땅을 기브온에 이르기까지
치매
42 이스라엘의 하나님 여호와께서 이스라엘을 위하여 싸우셨으므로 여호수아가 이
모든 왕들과 그들의 땅을 단번에 빼앗으니라
43 여호수아가 온 이스라엘과 더불어 길갈 진영으로 돌아왔더라

마음의 문을 열며

하나님께서 "사람이 혼자 사는 것이 좋지 아니하여"(창 2:18a) 아담에게 하와를 맺어주셨기에 인간은 태생적으로 혼자 살 수 없는 존재가 되었습니다. 이처럼 인간은 사회적 존재이기 때문에 끊임없이 던지는 질문이 있습니다. '누가 내 편인가?' 이 질문의 밑바닥에는 생존을 위한 욕구와 불안이 내포되어 있습니다.

이런 경향이 그리스도인들에게도 있습니다. 많은 성도들이 어떤 일을 계획할 때, '하나님은 내 편'이라는 의식으로 일을 합니다. 이런 대처 방식에는 적지 않은 문제가 도사리고 있습니다. 왜냐하면 상황이나 일의 주관자가 하나님이 아니라 바로 인간이라는 의식이 잠재되어 있기 때문입니다.

오늘 본문은 '누가 내 편인가?' 하는 질문으로 살아가는 신자들에게 의식의 패러다임을 180도 전환시키며, 신앙의 차원을 새롭게 하는 도발적이며 급진적인 도전을 던지고 있습니다. '당신은 하나님 편에 서 있는가?' 말씀 속에서 하나님 편에 선다는 것이 무슨 뜻인지, 과연 하나님을 진정 내 삶의 중심으로 모신다는 것이 일상에서 어떻게 드러나야 하는지 묵상할 수 있기를 바랍니다.

말씀의 씨를 뿌리며

1 예루살렘 왕 아도니세덱을 비롯한 가나안 남부 지역 왕들이 연합한 이유는 무엇입니까?

• 1~5절

2 기브온 족속은 남부 연합군이 자신들을 치러 온다는 소식을 듣고 이스라엘에게 동맹 조약을 근거로 도움을 요청합니다. 기브온의 요청에 대해서 여호수아는 어떻게 반응하고 있습니까?

• 7~9절

3 하나님께서는 연합군을 향한 이스라엘의 공격에 직접적으로 개입하고 있습니다. 하나님께서 이스라엘과 함께하심을 보여주는 직접적인 증거는 무엇입니까?

• 11~13절

4 이스라엘의 대승은 하나님께서 이스라엘 편에 섰기 때문이라고 생각할 수 있지만, 사실은 이스라엘이 하나님 편에 섰기 때문이라는 것이 정확한 대답입니다. 본문에서 이스라엘이 철저히 하나님 편에 서 있음을 보여주는 순종의 증거들을 찾아서 나누어보세요. 28절에서 40절까지 반복되는 구절들을 중심으로 답을 찾아보세요.

5 본문 12~14절 말씀은 창조주 하나님께서 피조물인 여호수아의 선포를 수행하시는 것 같습니다. 하나님 앞에 철저하게 순종하고 따르는 자를 위하여 적극적으로 개입하시는 하나님을 보며 무엇을 느낍니까? 당신의 삶의 여정 속에서 경험한 하나님의 강권적인 개입을 나누어보세요.

6 다음 글을 읽고 삶의 현장에서 하나님 편에 선다는 것이 무슨 뜻인지 생각해보세요.

> 성경은 세상과 하나님 사이에서 우왕좌왕하다가 세상을 택할 때의 불행을 성경의 한 사건을 통해서 보여주고 있습니다. 창세기 19장에 우리가 잘 아는 롯의 아내가 소금기둥이 된 사건이 나옵니다. 이것은 한 여인의 단순한 비극을 보여주기 위해서 쓰여진 것이 아닙니다. 한쪽 발은 하나님을 향해 있지만 또 한쪽 발은 세상을 향해 있는 자에 대한 경고입니다. 이것을 신약의 누가복음 9장 61절 이하에서 풀이하고 있습니다. 한 사람이 이렇게 말합니다. "내가 주를 따르겠나이다마는(but)…" 이것은 현대 그리스도인들의 모습을 보여주고 있습니다. '주님을 따르고 싶습니다. 그러나 지금은 먼저 제 일을 한 뒤에 따르겠습니다.' 예수님께서는 이런 자들에게 분명하게 말씀합니다. "손에 쟁기를 잡고 뒤를 돌아보는 자는 하나님의 나라에 합당하지 않다." 이런 반심(半心) 그리스도인을 향해서 스펄전 목사님은 이렇게 말합니다. "이런 우물쭈물 그리스도인의 결심은 마치 공장 굴뚝에서 나오는 연기 같아서 한순간 눈에 보이는 듯하다가 이내 허공으로 사라져버리는 것과 같다."[7]

7 이스라엘이 대승한 것은 그들이 하나님 편에 섰기 때문입니다. 하나님 편에 선 이스라엘 백성들은 길갈로 돌아갔습니다. 이것이 의미하는 바가 무엇일까요? 언제든지 하나님을 찾는 길갈로 돌아가기 위해서 지금 당신에게 가장 필요한 것은 무엇이라고 생각합니까?

• 15절

• 43절

삶의 열매를 거두며

부드러운 음식만 소화할 수 있는 초보적인 신앙에서 벗어나 딱딱한 음식까지 감당할 수 있는 신앙으로 들어가기 위해서는 "내가 하나님 편에 서 있는가?"라는 질문을 체질화해야 합니다. 내 중심에서 하나님 중심으로 삶을 돌려놓기 위해서는 순종이라는 키를 돌려야만 합니다. 이제 이렇게 질문해야 합니다. "내가 하나님 편에 서기 위해 무엇을 순종해야 하는가?" 하나님 편에 서기 위해서 당신이 지금 순종하며 실천해야 하는 것은 무엇인지 생각하고, 어떤 경우에도 하나님 편에 서겠다는 결단의 기도를 드립시다.

Lesson 16

지치지 않고 승리하는 신앙생활을 하려면

여호수아 11:1~23

1 하솔 왕 야빈이 이 소식을 듣고 마돈 왕 요밥과 시므론 왕과 악삽 왕과
2 및 북쪽 산지와 긴네롯 남쪽 아라바와 평지와 서쪽 돌의 높은 곳에 있는 왕
들과
3 동쪽과 서쪽의 가나안 족속과 아모리 족속과 헷 족속과 브리스 족속과 산지
의 여부스 족속과 미스바 땅 헤르몬 산 아래 히위 족속에게 사람을 보내매
4 그들이 그 모든 군대를 거느리고 나왔으니 백성이 많아 해변의 수많은 모래
같고 말과 병거도 심히 많았으며
5 이 왕들이 모두 모여 나아와서 이스라엘과 싸우려고 메롬 물가에 함께 진
쳤더라
6 여호와께서 여호수아에게 이르시되 그들로 말미암아 두려워하지 말라 내일
이맘때에 내가 그들을 이스라엘 앞에 넘겨주어 몰살시키리니 너는 그들의
말 뒷발의 힘줄을 끊고 그들의 병거를 불사르라 하시니라
7 이에 여호수아가 모든 군사와 함께 메롬 물가로 가서 갑자기 습격할 때에
8 여호와께서 그들을 이스라엘의 손에 넘겨주셨기 때문에 그들을 격파하고
큰 시돈과 미스르봇 마임까지 추격하고 동쪽으로는 미스바 골짜기까지 추격
하여 한 사람도 남기지 아니하고 쳐 죽이고
9 여호수아가 여호와께서 자기에게 명령하신 대로 행하여 그들의 말 뒷발의
힘줄을 끊고 그들의 병거를 불로 살랐더라
10 하솔은 본래 그 모든 나라의 머리였더니 그때에 여호수아가 돌아와서 하솔
을 취하고 그 왕을 칼날로 쳐 죽이고
11 그 가운데 모든 사람을 칼날로 쳐서 진멸하여 호흡이 있는 자는 하나도 남

기지 아니하였고 또 하솔을 불로 살랐고
12 여호수아가 그 왕들의 모든 성읍과 그 모든 왕을 붙잡아 칼날로 쳐서 진멸하여
바쳤으니 여호와의 종 모세가 명령한 것과 같이 하였으되
13 여호수아가 하솔만 불살랐고 산 위에 세운 성읍들은 이스라엘이 불사르지 아니
하였으며
14 이 성읍들의 모든 재물과 가축은 이스라엘 자손들이 탈취하고 모든 사람은 칼날
로 쳐서 멸하여 호흡이 있는 자는 하나도 남기지 아니하였으니
15 여호와께서 그의 종 모세에게 명령하신 것을 모세는 여호수아에게 명령하였고
여호수아는 그대로 행하여 여호와께서 모세에게 명하신 모든 것을 하나도 행하
지 아니한 것이 없었더라
16 여호수아가 이같이 그 온 땅 곧 산지와 온 네겝과 고센 온 땅과 평지와 아라바와
이스라엘 산지와 평지를 점령하였으니
17 곧 세일로 올라가는 할락 산에서부터 헤르몬 산 아래 레바논 골짜기의 바알갓까
지라 그들의 왕들을 모두 잡아 쳐 죽였으며
18 여호수아가 그 모든 왕들과 싸운 지가 오랫동안이라
19 기브온 주민 히위 족속 외에는 이스라엘 자손과 화친한 성읍이 하나도 없고 이스
라엘 자손이 싸워서 다 점령하였으니
20 그들의 마음이 완악하여 이스라엘을 대적하여 싸우러 온 것은 여호와께서 그리
하게 하신 것이라 그들을 진멸하여 바치게 하여 은혜를 입지 못하게 하시고 여호
와께서 모세에게 명령하신 대로 그들을 멸하려 하심이었더라
21 그때에 여호수아가 가서 산지와 헤브론과 드빌과 아납과 유다 온 산지와 이스라
엘의 온 산지에서 아낙 사람들을 멸절하고 그가 또 그들의 성읍들을 진멸하여 바
쳤으므로
22 이스라엘 자손의 땅에는 아낙 사람들이 하나도 남지 아니하였고 가사와 가드와
아스돗에만 남았더라
23 이와 같이 여호수아가 여호와께서 모세에게 말씀하신 대로 그 온 땅을 점령하여
이스라엘 지파의 구분에 따라 기업으로 주매 그 땅에 전쟁이 그쳤더라

마음의 문을 열며

이스라엘의 가나안 정복 전쟁은 단순히 영토를 확장시키는 그런 전쟁이 아니라, 이방 문화와 우상들을 몰아내고 그곳에 하나님의 나라를 세우는 전쟁이었습니다. 호시탐탐 우상을 앞세운 이방 문화가 이스라엘을 위협하는 상황이었고, 여호수아는 이스라엘이 하나님의 백성으로서 거룩함을 유지하도록 힘을 다하여 싸워야 했습니다.

이런 상황 속에서도 여호수아는 초심을 유지했고 오히려 나이가 들수록 신앙의 원숙함을 드러내며 지치지 않고 승리하는 신앙생활의 모범을 보여주고 있습니다.

신앙생활은 결코 단거리 경주가 아닙니다. 나그네 의식을 가지고 본향을 향해 긴 호흡으로 뚜벅뚜벅 걸어야 하는 길입니다. 양쪽 길에서 사탄은 때로는 우는 사자같이 위협하고, 때로는 광명의 천사처럼 유혹합니다. 어떻게 이 신앙의 길을 처음의 순전한 마음으로 완주할 수 있을까요? 오늘 말씀 속에서 여호수아의 삶을 통해 지치지 않고 승리하는 신앙생활의 비결을 배울 수 있기를 바랍니다.

말씀의 씨를 뿌리며

1 이스라엘이 남부 가나안을 정복했다는 엄청난 소식을 듣게 된 북부 가나안 족속들은 어떻게 반응했습니까?

• 5절

2 가나안 북부 연합군의 병력과 전투력은 어떠했으며, 성경이 이를 구체적으로 묘사한 이유는 무엇이라고 생각합니까? 또 하나님께서 적들의 말의 힘줄을 끊고 병거를 불사르라(6절)고 명령하신 이유는 무엇일까요?

• 4절

• 잠 21:31

3 가나안 북부 연합군과의 전쟁은 단기간에 끝나지 않았습니다. 장기간에 걸친 전쟁이었음에도 여호수아는 초심을 잃지 않고 하나님의 명령에 전적으로 순종했습니다. 여호수아의 순종에 대해 성경이 어떻게 표현하는지 살펴보고 그것이 무엇을 의미하는지 생각해 보세요.

• 12절

• 15절

4 여호수아는 하나님께서 모세에게 명하신 것을 행하지 않은 것이 하나도 없을 만큼 하나님 말씀에 절대적으로 순종했습니다. 다음 구절에서 순종의 사람 여호수아를 하나님께서 어떻게 지도자로 확고히 세우시는지 살펴보고 여호수아처럼 쓰임받기 위해서 당신에게 요구되는 것은 무엇인지 말해보세요.

• 16~23절

5 여호수아가 오랜 전쟁에서도 지치지 않고 순종할 수 있었던 비결은 그의 신앙의 멘토였던 모세의 삶 속에서 찾을 수 있습니다. 광야 40년의 거친 기간 동안 모세가 어떻게 하나님의 명령에 순종했고, 하나님께서 그런 모세를 어떻게 높이시고 인도하셨는지를 여호수아는 곁에서 너무도 생생하게 목도했습니다. 본문에서 성경 기자가 두 번이나 반복해서 모세를 언급한 이유도 여기에 있습니다.
당신에게는 지치지 않고 신앙의 순종을 이끌 영적인 멘토가 있습니까? 가족들이 일생 동안 지치지 않고 신앙생활을 영위할 수 있도록 당신은 무엇을 할 수 있습니까?

6 다음 글을 읽고 고된 인생살이를 살면서도 지치지 않고 살아가는 비결을 생각해보세요.

윌리엄 캐리는 1793년에 영국에서 인도로 배를 타고 건너갔다. 그는 그곳에서 다섯 살짜리 아들을 잃었고, 그의 아내는 정신적인 질병을 앓았다. 그는 사역을 시작한 지 7년이 지난 후에 첫 회심자를 만들어냈으며, 수년 동안 애써 번역한 것을 화재로 잃어버리기도 했다. 하지만 그는 단 한 번의 휴가도 없이 40년 동안 꾸준히 사역했다.
'미국의 제1호 해외 선교사'인 아도니람 저드슨은 1814년에 미얀마로 갔다. 그는 여섯 살 된 아들을 잃었고, 1년 반 동안 죽음의 감옥에 갇혀 있었으며, 그의 아내는 열병으로 죽었다. 그는 정신적인 쇠약으로 고생했고, 첫 회심자를 만나기까지 5년을 기다려야 했다. 하지만 그는 사역을 멈추지 않았다. 사명이 생명보다 더 소중했기 때문이다.
로버트 모리슨은 중국으로 파송된 첫 개신교 선교사였다. 그는 아내를 잃었고 첫 회심자를 위해 7년 동안 수고했다. 하지만 그는 중단 없이 사역에 임했다. 이들은 수많은 어려움에도 굴하지 않고 앞으로 전진했다. 하나님께서 자신에게 주신 사명이 생명보다 소중하다고 생각했기 때문이다.[8)]

7 지치지 않고 신앙생활을 하는 자에게 하나님께서 어떤 축복을 주시는지 성경은 "이스라엘 자손의 땅에는 아낙 사람들이 하나도 남지 않았다"(22절)는 말씀을 통해서 보여주고 있습니다. 아낙 자손이 이스라엘 땅에서 완전히 멸절되었다는 기록은 지치지 않고 하나님께 끊임없이 순종하는 사람에게 주시는 복을 생생하게 보여주는 것입니다. 우리 모두에게는 이 땅을 살아가면서 절벽처럼 버티고 있는 아낙 자손이 있습니다. 그렇다면 당신의 땅에서 이들을 몰아내기 위해 당신에게 가장 필요한 것은 무엇입니까?

삶의 열매를 거두며

신앙인으로서 우리의 묘비에 쓰여질 글귀는 "나는 선한 싸움을 싸우고 나의 달려갈 길을 마치고 믿음을 지켰다"(딤후 4:7)라는 바울의 고백이 되어야 합니다. 그러나 신앙의 길은 좁은 길이요 때로는 가시밭길입니다. 이 길을 지치지 않고 달려가기 위해서는 여호수아에게 모세가 있었던 것처럼 우리에게도 함께 걸어갈 신앙의 동지가 필요합니다. 좋은 신앙의 동지를 달라고 기도합시다. 또한 내가 다른 형제의 신앙 여정의 동반자요 좋은 멘토가 되기 위해 감당해야 할 것들이 무엇인지 생각하고 그런 동반자가 될 수 있도록 당신의 결심을 나누어봅시다.

Lesson 17

믿는 자가 받은 특별한 기업

여호수아 13:1~33

1 여호수아가 나이가 많아 늙으매 여호와께서 그에게 이르시되 너는 나이가
많아 늙었고 얻을 땅이 매우 많이 남아 있도다
2 이 남은 땅은 이러하니 블레셋 사람의 모든 지역과 그술 족속의 모든 지역
3 곧 애굽 앞 시홀 시내에서부터 가나안 사람에게 속한 북쪽 에그론 경계까지
와 블레셋 사람의 다섯 통치자들의 땅 곧 가사 족속과 아스돗 족속과 아스
글론 족속과 가드 족속과 에그론 족속과 또 남쪽 아위 족속의 땅과
4 또 가나안 족속의 모든 땅과 시돈 사람에게 속한 므아라와 아모리 족속의
경계 아벡까지와
5 또 그발 족속의 땅과 해 뜨는 곳의 온 레바논 곧 헤르몬 산 아래 바알갓에서
부터 하맛에 들어가는 곳까지와
6 또 레바논에서부터 미스르봇마임까지 산지의 모든 주민 곧 모든 시돈 사람
의 땅이라 내가 그들을 이스라엘 자손 앞에서 쫓아내리니 너는 내가 명령한
대로 그 땅을 이스라엘에게 분배하여 기업이 되게 하되
7 너는 이 땅을 아홉 지파와 므낫세 반 지파에게 나누어 기업이 되게 하라 하
셨더라
8 므낫세 반 지파와 함께 르우벤 족속과 갓 족속은 요단 저편 동쪽에서 그들의
기업을 모세에게 받았는데 여호와의 종 모세가 그들에게 준 것은 이러하니
9 곧 아르논 골짜기 가에 있는 아로엘에서부터 골짜기 가운데에 있는 성읍과
디본까지 이르는 메드바 온 평지와
10 헤스본에서 다스리던 아모리 족속의 왕 시혼의 모든 성읍 곧 암몬 자손의
경계까지와

11 길르앗과 및 그술 족속과 마아갓 족속의 지역과 온 헤르몬 산과 살르가까지 온
바산
12 곧 르바의 남은 족속으로서 아스다롯과 에드레이에서 다스리던 바산 왕 옥의 온
나라라 모세가 이 땅의 사람들을 쳐서 쫓아냈어도
13 그술 족속과 마아갓 족속은 이스라엘 자손이 쫓아내지 아니하였으므로 그술과
마아갓이 오늘까지 이스라엘 가운데에서 거주하니라
14 오직 레위 지파에게는 여호수아가 기업으로 준 것이 없었으니 이는 그에게 말씀
하신 것과 같이 이스라엘의 하나님 여호와께 드리는 화제물이 그들의 기업이 되
었음이더라
15 모세가 르우벤 자손의 지파에게 그들의 가족을 따라서 기업을 주었으니
16 그들의 지역은 아르논 골짜기 가에 있는 아로엘에서부터 골짜기 가운데 있는 성
읍과 메드바 곁에 있는 온 평지와
17 헤스본과 그 평지에 있는 모든 성읍 곧 디본과 바못 바알과 벧 바알 므온과
18 야하스와 그데못과 메바앗과
19 기랴다임과 십마와 골짜기의 언덕에 있는 세렛 사할과
20 벳브올과 비스가 산기슭과 벧여시못과
21 평지 모든 성읍과 헤스본에서 다스리던 아모리 족속의 왕 시혼의 온 나라라 모세
가 시혼을 그 땅에 거주하는 시혼의 군주들 곧 미디안의 귀족 에위와 레겜과 술
과 훌과 레바와 함께 죽였으며
22 이스라엘 자손이 그들을 살륙하는 중에 브올의 아들 점술가 발람도 칼날로 죽였
더라
23 르우벤 자손의 서쪽 경계는 요단과 그 강가라 이상은 르우벤 자손의 기업으로 그
가족대로 받은 성읍들과 주변 마을들이니라
24 모세가 갓 지파 곧 갓 자손에게도 그들의 가족을 따라서 기업을 주었으니
25 그들의 지역은 야셀과 길르앗 모든 성읍과 암몬 자손의 땅 절반 곧 랍바 앞의 아
로엘까지와
26 헤스본에서 라맛 미스베와 브도님까지와 마하나임에서 드빌 지역까지와
27 골짜기에 있는 벧 하람과 벧니므라와 숙곳과 사본 곧 헤스본 왕 시혼의 나라의
남은 땅 요단과 그 강가에서부터 요단 동쪽 긴네렛 바다의 끝까지라
28 이는 갓 자손의 기업으로 그들의 가족대로 받은 성읍들과 주변 마을들이니라
29 모세가 므낫세 반 지파에게 기업을 주었으되 므낫세 자손의 반 지파에게 그들의
가족대로 주었으니
30 그 지역은 마하나임에서부터 온 바산 곧 바산 왕 옥의 온 나라와 바산에 있는 야

일의 모든 고을 육십 성읍과
31 길르앗 절반과 바산 왕 옥의 나라 성읍 아스다롯과 에드레이라 이는 므낫세의 아
들 마길의 자손에게 돌린 것이니 곧 마길 자손의 절반이 그들의 가족대로 받으
니라
32 요단 동쪽 여리고 맞은편 모압 평지에서 모세가 분배한 기업이 이러하여도
33 오직 레위 지파에게는 모세가 기업을 주지 아니하였으니 이는 그들에게 말씀하
신 것과 같이 이스라엘의 하나님 여호와께서 그들의 기업이 되심이었더라

마음의 문을 열며

하나님께서 첫 사람 아담과 하와에게 "생육하고 번성하여 땅에 충만하라, 땅을 정복하라"(창 1:28)고 명령하신 말씀은 오늘날에도 여전히 유효합니다. 특히 "땅을 정복하라"는 말씀은 여호수아서의 주제어이기도 합니다. 하나님께서 이스라엘 백성들에게 그토록 땅을 차지하라고 요구하신 이유는 무엇일까요?

하나님께서 그의 백성들에게 원하시는 것은 지금까지 이방 문화와 우상들로 오염되었던 가나안 땅에 거룩하신 하나님의 나라를 세우는 것이었습니다. 하나님의 나라가 세워지는 곳에는 사막처럼 척박한 땅이 생명의 물이 솟는 원천으로 변화되는 역사가 일어납니다.

많은 신자들이 전투력을 상실한 채 소극적으로 자신의 삶을 끌어가는 현실에서 "땅을 정복하라"는 명령은 두려운 말씀이요 삶을 진동시키는 벼락같은 하나님의 음성입니다. 21세기를 살아가는 당신은 하나님께서 주신 영토를 얼마나 소유하고 있습니까? 어떻게 하면 내 삶에서 하나님의 영토를 확장시킬 수 있을까요? 오늘 말씀 속에서 그 해답을 찾으시기 바랍니다.

말씀의 씨를 뿌리며

1 장기간의 정복 전쟁과 자연적 노화로 나이 많은 여호수아에게 하나님은 어떤 명령을 내리십니까? 그리고 그 이유는 무엇입니까?

• 1절

• 7절

2 본문 2~6절을 보면 하나님께서 이스라엘 백성들이 아직 정복하지 못한 땅을 열거하시며 그 땅을 각 지파에게 분배하라고 명령하십니다. 인간적으로 생각했을 때는 정복 후의 분배가 일반적으로 보이는데, 왜 이런 명령을 하셨을지 다음 구절을 참고로 생각해봅시다.

• 수 17:18

3 구약에서 땅은 주로 하나님의 창조 사역을 드러내고 있습니다. 그러므로 땅을 기업으로 소유한다는 것은, 하나님의 창조 사역에 동참하여 하나님의 뜻을 이 땅에서 구현하는 것을 말합니다. 이스라엘 백성들의 입장에서 보면, 우상으로 가득 찬 음란하고 타락한 가나안 땅을 하나님을 예배하는 땅으로, 하나님의 뜻이 충만하게 임하는 땅으로 바꾸는 것입니다. 그렇다면 오늘날 우리 입장에서는 하나님께서 땅을 기업으로 주신다는 것을 어떤 의미로 이해할 수 있을지 나누어보세요. (참고/ 마 5:16)

4 구약에서 이스라엘 지파들에게 땅을 기업으로 주시는 의미를 오늘날의 관점에서 가장 잘 드러내고 있는 것이 레위 지파입니다. 하나님께서 레위 지파에게는 땅을 기업으로 주시는 대신에 무엇으로 그들의 기업을 삼았습니까?

• 14절

• 33절

5 여호와를 기업으로 삼았던 레위 지파는 다른 열두 지파에 속하여 하나님의 말씀을 가르치고 예배드리는 책임을 감당했습니다. 신약시대의 우리들은 예수님의 십자가와 구속의 은혜 때문에 하나님을 아버지로 부르는 양자의 영을 받았고, 예수님과 함께 하나님의 나라를 기업으로 이어받을 자가 되었습니다.
하나님을 기업으로 받은 레위인의 책무가 예배를 드리고 사람들을 신앙으로 인도하는 것이었다면, 오늘날 하나님을 아버지로 부르는 양자의 영을 받은 신앙인의 책무는 무엇인지 자신의 말로 설명해보세요.

• 마 28:19~20

• 골 1:28

6 다음 글을 읽고 예수님을 믿는 자가 누리는 특별한 기업과 그것을 받은 자가 살아야 할 삶에 대해서 생각해보세요.

예수님을 믿는 자가 누리는 은혜에 대해서 스펄전 목사님은 이렇게 표현했습니다. "예수님의 모든 것이 믿는 자의 소유다." 조금 극단적인 표현이기는 하지만 충분한 의미를 담고 있습니다. 우주를 지탱하시는 주님의 팔도, 미래를 바라보시는 그의 눈도, 이웃과 심지어 원수마저 사랑하는 예수님의 심장도 나의 것이라는 것입니다. 성령께서는 믿는 자로 하여금 이 땅에서 예수님의 손과 발과 눈으로서 살아갈 능력을 주셨습니다. 예수님은 그의 손으로 앞 못 보는 자를 보게 하시고, 나병환자를 낫게 하셨습니다. 예수님은 그의 발로 광야를 걸으시고, 무서운 풍랑 위를 걸으셨습니다. 예수님은 그의 눈으로 무리를 보시고 불쌍히 여기시고 그의 손으로 오병이어의 기적을 베풀었습니다. 예수님을 믿고 성령을 통해서 하나님의 상속자가 되는 순간, 이 땅에서 예수님의 눈과 손과 팔과 심장을 소유한 자로서 살아갈 수 있는 거룩한 티켓을 얻은 것입니다.

7 이스라엘 백성들이 가나안 땅을 정복하고 그 땅을 기업으로 받는다는 것은 오늘날의 관점에서는 자신이 속한 영적인 땅을 확장하고 정복하며 그 속에서 하나님의 창조 정신을 구현하는 것을 말합니다. 또한 레위인처럼 하나님을 기업으로 삼고 사람들을 신앙으로 이끄는 것이 21세기에 땅을 기업으로 받는다는 의미일 것입니다. 당신의 삶에서 영적인 영토를 넓히기 위해 당신은 무엇을 결심하고 실천할 수 있습니까? (참고/ 사 60:22)

삶의 열매를 거두며

이 세상의 어느 영역도 하나님의 지배로부터 벗어나는 곳은 없습니다. 그럼에도 살다 보면 우리들이 머무는 곳은 삶의 수단일 뿐, 마치 하나님과 무관한 땅처럼 여겨지는 것이 현실입니다. 하나님은 우리를 향하여 거듭 "땅을 정복하라. 그 땅에 하나님의 나라를 세우라"고 말씀합니다. 하나님은 모든 믿는 자에게 각자 정복할 땅을 이미 주셨습니다. 문제는 그 땅을 믿음으로 받지 못하는 데 있습니다. 당신에게 주신 믿음의 땅을 생각하고, 그 땅에 하나님의 나라를 세우기 위해서 당신이 할 수 있는 것을 구체적으로 나누어봅시다.

Lesson 18

믿음으로 네 가지 큰 장벽을 뛰어넘은 사람

여호수아 14:1~15

1 이것은 이스라엘 자손이 가나안 땅에서 받은 기업 곧 제사장 엘르아살과 눈
의 아들 여호수아와 이스라엘 자손 지파의 족장들이 분배한 것이니라
2 여호와께서 모세에게 명령하신 대로 그들의 기업을 제비 뽑아 아홉 지파와
반 지파에게 주었으니
3 이는 두 지파와 반 지파의 기업은 모세가 요단 저쪽에서 주었음이요 레위 자
손에게는 그들 가운데에서 기업을 주지 아니하였으니
4 이는 요셉의 자손이 므낫세와 에브라임의 두 지파가 되었음이라 이 땅에서
레위 사람에게 아무 분깃도 주지 아니하고 다만 거주할 성읍들과 가축과 재
산을 위한 목초지만 주었으니
5 이스라엘 자손이 여호와께서 모세에게 명령하신 것과 같이 행하여 그 땅을
나누었더라
6 그때에 유다 자손이 길갈에 있는 여호수아에게 나아오고 그니스 사람 여분
네의 아들 갈렙이 여호수아에게 말하되 여호와께서 가데스 바네아에서 나와
당신에게 대하여 하나님의 사람 모세에게 이르신 일을 당신이 아시는 바라
7 내 나이 사십 세에 여호와의 종 모세가 가데스 바네아에서 나를 보내어 이
땅을 정탐하게 하였으므로 내가 성실한 마음으로 그에게 보고하였고
8 나와 함께 올라갔던 내 형제들은 백성의 간담을 녹게 하였으나 나는 내 하나
님 여호와께 충성하였으므로
9 그날에 모세가 맹세하여 이르되 네가 내 하나님 여호와께 충성하였은즉 네
발로 밟는 땅은 영원히 너와 네 자손의 기업이 되리라 하였나이다

10 이제 보소서 여호와께서 이 말씀을 모세에게 이르신 때로부터 이스라엘이 광야
에서 방황한 이 사십오 년 동안을 여호와께서 말씀하신 대로 나를 생존하게 하셨
나이다 오늘 내가 팔십오 세로되
11 모세가 나를 보내던 날과 같이 오늘도 내가 여전히 강건하니 내 힘이 그때나 지금
이나 같아서 싸움에나 출입에 감당할 수 있으니
12 그날에 여호와께서 말씀하신 이 산지를 지금 내게 주소서 당신도 그날에 들으셨
거니와 그곳에는 아낙 사람이 있고 그 성읍들은 크고 견고할지라도 여호와께서
나와 함께하시면 내가 여호와께서 말씀하신 대로 그들을 쫓아내리이다 하니
13 여호수아가 여분네의 아들 갈렙을 위하여 축복하고 헤브론을 그에게 주어 기업을
삼게 하매
14 헤브론이 그니스 사람 여분네의 아들 갈렙의 기업이 되어 오늘까지 이르렀으니
이는 그가 이스라엘의 하나님 여호와를 온전히 좇았음이라
15 헤브론의 옛 이름은 기럇 아르바라 아르바는 아낙 사람 가운데에서 가장 큰 사람
이었더라 그리고 그 땅에 전쟁이 그쳤더라

마음의 문을 열며

세상은 정년이 있지만 신앙에는 정년이 없습니다. 그럼에도 신앙인조차 나이가 들수록 한발 물러서서 신앙생활을 하려는 경향이 있습니다. 요즘에는 나이가 그다지 많지 않음에도 불구하고 주일 예배에 출석하는 것으로 신앙생활을 다하는 것처럼 생각하는 사람들이 있습니다. 아마도 그것은 갈수록 바빠지는 현실 때문이기도 하고, 기독교 신앙에 대해 점점 적대적으로 변하는 세상에 맞설 전투력이 상실된 때문이기도 합니다.

이러한 상황은 나아지지 않을 것입니다. 오히려 신앙생활하기에 더 많은 장벽들이 하루가 다르게 늘어날 것이며, 이대로 가면 신앙의 위축은 충분히 예측할 수 있습니다. 어쩌면 우리는 하나님 앞에 설 때에 신앙생활을 방해하는 세상의 큰 장벽들을 불신앙의 변명거리로 제시할지 모릅니다.

이미 이런 형편을 아시는 하나님께서는 우리에게 믿음으로 신앙의 높은 장벽을 돌파한 한 인물을 소개하고 있습니다. 오늘 말씀을 통해서 우리의 신앙을 막아서는 높은 장벽을 뛰어넘는 현장을 생생하게 들여다볼 수 있습니다. 장벽을 장애가 아니라 신앙의 디딤돌로 바라볼 수 있는 믿음의 눈이 열리기를 바랍니다.

말씀의 씨를 뿌리며

1 갈렙의 가족 배경은 어떠했나요?

• 6절

2 갈렙이 여호수아에게 자신의 기업을 요구할 수 있었던 이유는 무엇이며 지금 그의 나이는 몇 살입니까?

• 9~10절

3 갈렙이 여호수아에게 기업으로 요구한 땅은 어떤 곳이었으며 이를 통해 그의 어떤 성품을 엿볼 수 있습니까?

• 12절

4 광야 생활 중에 갈렙은 어떤 사람으로 인정받았습니까? 만약 당신이 갈렙이었다면 그의 동료였으며 함께 광야 생활을 했던 여호수아가 이스라엘의 지도자로 선택되었을 때, 어떤 마음을 품었을지 생각해보세요.

• 민 14:24

• 신 1:36

5 정통 유대인이 아닌 이방인 출신으로서 갈렙이 이스라엘 속에서 자기 목소리를 내는 것은 물론이요 동료였던 여호수아를 지도자로 모시는 것도 쉬운 일이 아니었을 것입니다. 이것 외에도 갈렙은 하나님께서 주신 기업을 얻기 위해서 넘어야 할 장벽들이 있었습니다. 다음 구절들을 통해 그것들을 찾아보세요. 갈렙은 어떻게 그것을 극복할 수 있었습니까?

• 10절

• 12절

6 다음 글을 읽고 세상의 소리보다 믿음의 소리, 세상의 평가보다 하나님의 평가를 더 중요하게 여기고 살아가는 것에 대해서 묵상해보세요.

넬슨 만델라는 정치범으로 27년이 넘는 세월을 감옥에 갇혀 있었습니다. 그가 감옥에서 받았던 수모와 고통은 말로 다할 수가 없었습니다. 어머니가 세상을 떠났을 때에도, 첫 아들이 교통사고로 세상을 떠났을 때에도 장례식에 참석할 수 없었습니다. 그러나 그는 감옥에서 심신의 고통을 당할 때마다 쌓아야 할 울분을 증오의 감정이 아니라 화해의 정신으로 바꾸어나갔습니다. 왜냐하면 그는 화해의 정신만이 인류에 평화를 가져올 것이라는 선명한 목표가 있었기 때문입니다. 그가 유작으로 남긴 자서전인 《나 자신과의 대화》에 보면 이런 글이 있습니다. "삶의 목표와 목적을 정하고, 가능하면 절대 그것에서 벗어나지 마라." 그가 정한 삶의 목표는 화해의 정신이었습니다. 한번은 그와 함께 만델라의 자서전 《자유를 향한 머나먼 길》을 썼던 리처드 스탱글이 만델라에게 "사람들은 좀 더 당신이 자극적이고 선동적인 연설을 하지 않는다고 비판한다"는 말을 했을 때, 그는 이렇게 대답했습니다. "나는 대중을 선동하고 싶지 않아요. 나는 대중에게 화해의 정신을 불어넣고 싶어요." 얼마든지 사람들을 선동하면서 자신의 힘을 극적으로 과시할 수 있었지만 이것은 그의 삶의 목표가 아니었습니다.

7 믿는 자들에게도 앞날은 보이지 않고, 현재의 여건은 비관적인 경우가 있습니다. 또 오래 신앙생활을 하다 보면 권태기에 빠지고 마음이 처지기도 합니다. 이때 우리에게 필요한 것은 갈렙이 가졌던 하나님의 약속에 근거한 선명한 믿음의 목표입니다. 미래가 불투명한 상황 속에서도 갈렙처럼 사명을 붙잡을 수 있는 길은 무엇일까요? 또 그것을 방해하는 것은 무엇인지 함께 나누어봅시다.

삶의 열매를 거두며

신앙의 장벽을 돌파하는 것은 단순히 불타는 의지나 결심만으로는 부족합니다. 선명한 목표와 더불어 그것을 이루시는 하나님에 대한 확고한 믿음이 선행되어야 합니다. 세상의 압도적인 소리에도 불구하고 하나님의 음성에 더 민감한 귀가 있어야 합니다. 85세의 나이에도 푸른 믿음을 소유한 갈렙이라는 인물을 통해서 다시 한 번 일어설 수 있는 힘을 주신 하나님께 감사를 드리며, 더불어 나는 지금 어떤 선명한 믿음의 목표를 가지고 있는지 글로 써보고 결단하는 기도를 합시다.

Lesson 19

믿음의 성취

여호수아 15:13~19

13 여호와께서 여호수아에게 명령하신 대로 여호수아가 기럇 아르바 곧 헤브론
을 유다 자손 중에서 분깃으로 여분네의 아들 갈렙에게 주었으니 아르바는
아낙의 아버지였더라
14 갈렙이 거기서 아낙의 소생 그 세 아들 곧 세새와 아히만과 달매를 쫓아내
었고
15 거기서 올라가서 드빌 주민을 쳤는데 드빌의 본 이름은 기럇 세벨이라
16 갈렙이 말하기를 기럇 세벨을 쳐서 그것을 점령하는 자에게는 내가 내 딸
악사를 아내로 주리라 하였더니
17 갈렙의 아우 그나스의 아들인 옷니엘이 그것을 점령함으로 갈렙이 자기 딸
악사를 그에게 아내로 주었더라
18 악사가 출가할 때에 그에게 청하여 자기 아버지에게 밭을 구하자 하고 나귀
에서 내리매 갈렙이 그에게 묻되 네가 무엇을 원하느냐 하니
19 이르되 내게 복을 주소서 아버지께서 나를 네겝 땅으로 보내시오니 샘물도
내게 주소서 하매 갈렙이 윗샘과 아랫샘을 그에게 주었더라

마음의 문을 열며

한 사람이 갖는 개인의 목표와 신앙인으로서 품는 믿음의 목표는 같지 않습니다. 개인의 목표가 자신의 신념과 뜻을 이루는 것이라면 믿음의 목표는 하나님의 뜻을 이루는 것입니다. 개인의 목표를 이루는 것도 감사한 일이지만, 신앙인으로서 누리는 진정한 즐거움은 믿음의 목표를 성취할 때 주어집니다.

본문에서는 오랜 세월이 흘렀지만 자신의 가슴에 심겨진 하나님의 꿈이 조금도 희미해지지 않고 마침내 믿음으로 그것을 성취한 인물의 이야기가 나옵니다. 이러한 믿음의 성취야말로 신앙인이 누릴 수 있는 영적 쾌거요 삶의 동력이 아닐 수 없습니다.

어떻게 하면 우리의 마음에 심겨진 하나님의 꿈이 쇠하여지지 않도록 오랜 시간 유지하고 마침내 그 꿈을 성취할 수 있을까요? 오늘 말씀을 통해서 우리 속에 심겨진 믿음의 꿈을 회복하고, 믿음의 성취가 가져오는 축복이 어떠한지 살필 수 있기를 바랍니다.

말씀의 씨를 뿌리며

1 가나안 정복과 땅 분배의 주체가 여호와 하나님이심을 성경은 어떻게 표현하고 있습니까?

- 13절

2 진정한 믿음은 선포된 말이 삶 속에서 구현되는 것입니다. 다음 구절을 살펴보면서 갈렙의 믿음이 어떻게 구현되고 있는지 이야기해보세요.

- 13~15절

3 갈렙이 쫓아낸 아낙 사람들은 이스라엘 백성들을 두려움에 떨게 만들어 불신앙을 자초하게 만든 족속이었습니다. 이제 45년이 지나서 갈렙이 다시 그들과 맞서 싸우고 마침내 그 산지에서 쫓아내었습니다. 갈렙은 그들을 내어쫓으며 어떤 생각을 했을까요? 믿음의 관점에서 생각해보세요.

- 민 13:33

• 민 14:9

4 진정한 믿음의 전진은 혼자만 움켜쥐는데 있는 것이 아니라 계승하는 데 있습니다. 갈렙의 믿음이 아름다운 것은 믿음의 성취를 넘어 믿음의 계승과 축복을 이루었다는 데 있습니다. 갈렙의 믿음이 가족에게 축복으로 계승되고 있음을 구체적으로 어떻게 알 수 있습니까?

• 18~19절

5 가나안 땅에 들어서면서 누구보다도 갈렙의 마음은 뛰었을 것입니다. 오래전에 하나님께서 자신에게 약속하신 말씀이 이루어질 날이 성큼 다가온 것을 알았기 때문입니다(민 14:24). 갈렙의 믿음은 하나님께서 약속하신 말씀을 믿고 실천함으로 성취되었습니다. 믿음의 시작도 믿음의 성취도 하나님이 중심이었습니다. 그리고 그의 믿음은 자녀에게 축복으로 이어졌습니다.
지금 당신에게는 갈렙처럼 가슴 뛰는 하나님의 약속의 말씀이 있습니까? 어떻게 하면 우리도 갈렙처럼 오랜 시간이 지나도 견고히 약속의 말씀을 붙잡을 수 있을까요?

6 다음 글을 읽고 신앙인이 믿음으로 산다는 것이 무슨 뜻인지 생각해보세요.

레이 프리차드 목사님의 말처럼, 너무나도 많은 사람들이 스물다섯에 죽어 일흔다섯에 묻힙니다. 그들은 믿음으로 사는 그 흥미진진함을 놓쳐버린 채 쓸데없는 것들을 추구하느라 자신의 황금기를 허비합니다. 세상의 위협 혹은 세상의 쾌락 앞에서 믿음을 잃어버린 채 하나님의 땅으로 들어갈 기회조차 갖지 못하는 사람들이 너무도 많다는 것입니다.
요한일서 5장 4절에서는 "세상을 이기는 승리는 이것이니 우리의 믿음"이라고 했습니다. 이것을 《쉬운말성경》에서는 "세상을 이길 수 있는 승리의 길은 이것이니, 곧 우리의 믿음이니라"고 표현하고 있습니다. 믿음이 아니고서는 이 험한 세상을 이길 수가 없습니다. 그러기에 신앙인에게 믿음이 없다는 것은 이 세상에서 영적인 패배자로 살기로 했다는 것과 같은 말입니다. 그러므로 신앙인에게는 우리의 약함이 문제가 아니라 믿음이 없는 것이 문제요, 우리의 약함이 비극이 아니라 하나님을 신뢰하지 않는 것이 진짜 비극입니다.

7 갈렙이 85세에 여호수아에게 기업을 요구할 때까지 그의 손에 가진 것은 아무것도 없었습니다. 그에게는 의지할 만한 많은 물질도, 세상적인 명예도 보이지 않았습니다. 그러나 그에게는 세상 사람들이 갖지 못한 믿음의 자본, 신앙의 자본이 있었습니다. 그 나이가 될 때가지 움켜쥔 것이 없다면 불안하고 낙심할 수 있지만 갈렙에게는 전혀 그런 모습을 볼 수가 없습니다. 누구와도 비교할 수 없는 건강한 믿음의 신앙자본을 가지고 있었기 때문입니다. 우리에게 진정 필요한 것은 신앙자본입니다. 갈렙처럼 신앙자본을 갖기 위해서 당신은 무엇을 할 수 있습니까?

삶의 열매를 거두며

"나는 가진 것이 없기 때문에 아무것도 할 수 없다"는 말은 적어도 신앙인에게는 통하지 않는 말입니다. 갈렙처럼 세상적으로 가진 것이 없다는 것은 오히려 하나님께만 집중하면서 내 속에 심겨진 하나님의 꿈을 이룰 수 있는 기회가 됩니다. 오랜 세월을 지나는 동안에도 내 속에 심겨진 하나님의 꿈이 더 새로워지고, 더 커지는 비결은 약속하신 바를 반드시 이루시는 선하신 하나님에 대한 확고한 믿음에 있습니다. 다시 한 번 각자의 마음에 심겨진 하나님의 꿈을 확인하고, 그 꿈이 쇠하지 않고 성취될 수 있도록 믿음의 기도를 드립시다.

Lesson 20

도피성 되신 예수 그리스도

여호수아 20:1~9

1 여호와께서 여호수아에게 말씀하여 이르시되
2 이스라엘 자손에게 말하여 이르기를 내가 모세를 통하여 너희에게 말한 도
피성들을 너희를 위해 정하여
3 부지중에 실수로 사람을 죽인 자를 그리로 도망하게 하라 이는 너희를 위해
피의 보복자를 피할 곳이니라
4 이 성읍들 중의 하나에 도피하는 자는 그 성읍에 들어가는 문어귀에 서서
그 성읍의 장로들의 귀에 자기의 사건을 말할 것이요 그들은 그를 성읍에 받
아들여 한곳을 주어 자기들 중에 거주하게 하고
5 피의 보복자가 그의 뒤를 따라온다 할지라도 그들은 그 살인자를 그의 손에
내주지 말지니 이는 본래 미워함이 없이 부지중에 그의 이웃을 죽였음이라
6 그 살인자는 회중 앞에 서서 재판을 받기까지 또는 그 당시 대제사장이 죽기
까지 그 성읍에 거주하다가 그 후에 그 살인자는 그 성읍 곧 자기가 도망하
여 나온 자기 성읍 자기 집으로 돌아갈지니라 하라 하시니라
7 이에 그들이 납달리의 산지 갈릴리 게데스와 에브라임 산지의 세겜과 유다
산지의 기럇 아르바 곧 헤브론과
8 여리고 동쪽 요단 저쪽 르우벤 지파 중에서 평지 광야의 베셀과 갓 지파 중
에서 길르앗 라못과 므낫세 지파 중에서 바산 골란을 구별하였으니
9 이는 곧 이스라엘 모든 자손과 그들 중에 거류하는 거류민을 위하여 선정된
성읍들로서 누구든지 부지중에 살인한 자가 그리로 도망하여 그가 회중 앞
에 설 때까지 피의 보복자의 손에 죽지 아니하게 하기 위함이라

마음의 문을 열며

흔히 구약은 신약의 모형이라고 합니다. 구약성경을 읽다가 이러한 본문을 만나서 그것을 신약적으로 이해하는 눈이 열릴 때, 성경을 보는 눈이 열렸다고 말할 수 있습니다.

이러한 눈이 열릴수록 말씀의 진의를 이해하는 폭이 넓어지고 깊어질 수 있습니다. 그러므로 우리는 할 수 있는 대로 구약과 신약을 한통으로 이해하도록 노력해야 하고 그런 본문을 만날 때마다 다시금 주목하면서 하나님의 뜻과 의도를 파악하고 성령이 주시는 깨달음을 얻는 은혜를 누려야 합니다.

오늘 본문은 예수님의 구속(救贖)을 드러내는 신약적 모형을 보여주는 말씀입니다. 살인자를 도피성으로 피하도록 하는 하나님의 명령 속에서 죄인에 대한 하나님의 뜻이 무엇인지 찾아보고, 이를 통해 죄인인 우리 각자를 향한 하나님의 사랑과 대속(代贖)의 은혜를 경험하는 시간이 되기를 바랍니다.

말씀의 씨를 뿌리며

1 하나님께서 모세를 통해 명령하신 도피성은 누구를 위해 무슨 목적으로 제정된 것입니까?

• 3절

2 도피성으로 피한 살인자는 언제까지 그곳에서 살아야 합니까?

• 6절

3 살인으로 도피성에 피신한 사람은 대제사장이 죽은 후에야 자기 집으로 돌아갈 수 있었습니다. 이것은 대제사장의 죽음이 살인자의 죄를 대속하는 것으로 해석할 수 있습니다. 구약이 신약의 예표라는 점에서 볼 때, 도피성의 대제사장의 죽음이 예수님의 십자가에서의 죽음과 관련하여 어떤 의미가 있는지 다음 구절을 참고로 정리해보세요.

• 히 9:11~15

4 도피성은 어디에 몇 개가 있으며 도피성으로의 길목을 어떻게 관리하라고 하나님께서 명령하십니까? 도피성에 대해 섬세하게 말씀하시는 하나님을 보며 어떤 생각이 듭니까? 약속의 땅에서 구현되기를 원하시는 기본 원칙이 무엇일지 생각해보세요.

• 7~9절

• 민 35:14

• 신 19:3

5 신약 시대를 살고 있는 우리들에게 도피성은 오직 예수 그리스도입니다. 오늘날 당신은 세속의 힘에 짓눌리고 영적으로 고통 하는 사람들을 예수님께 인도하는 안내 표지나 길로서의 역할을 어떻게 감당하고 있는지 나누어보세요.

6 다음 글을 읽고 예수님을 도피성으로 삼고 구원을 받은 사람이 이 땅에서 어떻게 소명자로 살아야 하는지를 생각해보세요.

노예 폐지자였던 윌버포스의 삶은 존경받아야 하지만 우리 모두는 그와 똑같이 살 수 없습니다. 종교 개혁자 마틴 루터의 삶 역시 존경받아야 하지만 우리 모두가 그와 똑같은 삶을 살 수는 없습니다. 그러나 오스 기니스는 《소명》이라는 책에서 하나님의 부르심을 받은 소명자라면, 이 땅에서 최선의 소명자로 살아가기 위해 반드시 공통적으로 명심해야 하는 것이 있다고 말하고 있습니다. "하나님의 결정적인 부르심에 귀 기울이면서 산 인생은, 다른 모든 청중을 밀어내는 단 하나의 청중-유일한 청중-앞에서 살아가는 인생이다." 우리의 유일한 청중은 하나님입니다. 우리가 그 유일한 청중의 눈에 띄고 그분의 칭찬을 받는 것을 전부로 여기는 인생을 살고 있다면, 그 사람은 이미 이 땅에서 소명자로서의 삶을 멋지게 살아가고 있는 사람이라고 할 수 있습니다. 지금 있는 그 자리가 어떠하든 그 자리에서 유일한 청중이신 하나님만을 의식하며 생각하고, 말하며 행한다면 이미 소명자의 삶을 살아가고 있는 것입니다.

7 겉으로 드러난 뚜렷한 죄가 없어 보여도 우리 모두에게는 도피성 되시는 예수님이 필요합니다. 왜냐하면 우리 모두는 죄로 인해서 예수 그리스도를 십자가에 못 박은 자들입니다. 우리는 하나님께 반역한 자로서 피의 보복을 받아 마땅한 자들입니다. 이제 우리에게 필요한 것은 도피성에 머물러 있는 것이 아니라 내가 속한 곳에서 소명자로 사는 것입니다. 어떻게 하면 당신이 소명자가 되었다는 증거를 보일 수 있을까요?

삶의 열매를 거두며

물리적으로 사람을 해하지는 않지만 마음으로 미워하고 살인하는 죄를 범하지 않는 사람은 없습니다. 이런 점에서 우리 모두는 '영적인 살인자'로서 피해야 할 도피성이 필요합니다. 그러나 도피성에 들어갈 때는 살인자로 들어가지만, 나올 때는 은총을 깊이 깨닫고 사명자의 모습으로 나와야 합니다. 예수님께서 우리의 도피성 되심을 감사하는 기도와 더불어 이제는 믿는 자로서 고통 하는 자를 세워주고, 연약한 자를 살리는 삶을 살겠다는 결심의 기도를 드립시다.

Lesson 21

소명자로 부르시고 약속을 이루시는 하나님

여호수아 21:1~45

1 그때에 레위 사람의 족장들이 제사장 엘르아살과 눈의 아들 여호수아와 이
스라엘 자손의 지파 족장들에게 나아와
2 가나안 땅 실로에서 그들에게 말하여 이르되 여호와께서 모세에게 명령하
사 우리가 거주할 성읍들과 우리 가축을 위해 그 목초지들을 우리에게 주
라 하셨나이다 하매
3 이스라엘 자손이 여호와의 명령을 따라 자기의 기업에서 이 성읍들과 그 목
초지들을 레위 사람에게 주니라

…

40 이는 레위 가족의 남은 자 곧 므라리 자손이 그들의 가족대로 받은 성읍이
니 그들이 제비 뽑아 얻은 성읍이 열두 성읍이었더라
41 레위 사람들이 이스라엘 자손의 기업 중에서 받은 성읍은 모두 마흔여덟 성
읍이요 또 그 목초지들이라
42 이 각 성읍의 주위에 목초지가 있었고 모든 성읍이 다 그러하였더라
43 여호와께서 이스라엘의 조상들에게 맹세하사 주리라 하신 온 땅을 이와 같
이 이스라엘에게 다 주셨으므로 그들이 그것을 차지하여 거기에 거주하였
으니
44 여호와께서 그들의 주위에 안식을 주셨으되 그 조상들에게 맹세하신 대로
하셨으므로 그들의 모든 원수들 중에 그들과 맞선 자가 하나도 없었으니 이
는 여호와께서 그들의 모든 원수들을 그들의 손에 넘겨주셨음이니라
45 여호와께서 이스라엘 족속에게 말씀하신 선한 말씀이 하나도 남음이 없이
다 응하였더라

마음의 문을 열며

'하나님은 어떤 사람을 소명자로 부르실까?' 이것은 조금이라도 하나님의 일에 참여하기를 원하는 사람이라면 가질 수 있는 본능적인 질문입니다. 여전히 우리는 외적인 조건들을 가지고 하나님의 선택을 예단하는 경우가 있습니다. '나는 이것을 잘하지 못하고, 저런 재능을 소유하지 못했기 때문에 쓰임받지 못할 것'이라는 생각을 합니다.

오늘 본문은 레위 지파를 통해서 인간의 부족함을 오히려 하나님을 섬기는 거룩한 도구로 사용하시는 예를 보여줍니다. 레위 지파는 야곱의 유언(창 49:7)에 따라 한 지역에 모여 함께 살 수 없는 운명에 처하게 되었지만, 하나님은 오히려 레위 지파를 각 지역에 흩어져서 하나님의 말씀을 가르치고 보존하는 선지자와 제사장적 사역을 감당하는 지파로 사용하셨습니다.

오늘 말씀 속에서 우리의 부족함을 능력의 도구로 사용하시는 하나님의 은혜에 눈이 열리고, 한번 약속하신 바는 시대를 초월해서라도 반드시 이루시는 하나님을 깊이 마음에 새기는 시간이 되기를 바랍니다.

말씀의 씨를 뿌리며

1 레위 사람들이 여호수아에게 요구한 것은 무엇입니까?

• 2절

2 레위 지파는 한 지역의 땅을 분배 받아 모여 사는 것이 아니라 각 지파들에게서 성읍을 할당 받아 흩어졌습니다. 레위인들은 총 몇 개의 성읍으로 흩어졌으며 그곳에서 어떤 역할을 감당했습니까?

• 41절

• 신 33:10

3 야곱의 유언으로 인해 레위 지파는 흩어짐을 면할 수 없었습니다. 그러나 하나님은 오히려 그들의 흩어짐을 하나님의 나라를 세우는 도구로 사용하셨습니다. 이렇게 레위인들이 하나님께 쓰임받을 수 있었던 이유 중의 하나는 과거의 저주의 굴레에도 불구하고 돌이켜 하나님께 충성을 다한 것에 있습니다. 어떤 상황 속에서도 돌이켜 하나님께 나아오는 모든 사람에게는 이러한 반전의 은혜가 있습니다. 이것이 우리에게 주는 교훈은 무엇입니까?

• 출 32:26~29

4 레위 지파에게 주신 사명은 신약 시대를 사는 모든 믿는 자의 책무이자 사명이 되었습니다. 그렇다면 당신은 지금 당신이 속한 자리에서 레위 지파처럼 하나님의 공동체를 세우는 일에 어떻게, 얼마나 앞장서고 있습니까?

• 벧전 2:9

5 성경은 이스라엘 지파의 기업 분배를 마친 후, "여호와께서 이스라엘 조상들에게 맹세하사 주리라 하신 온 땅을 이와 같이 이스라엘에게 다 주셨다"(43절)고 선포합니다. 여호수아서 기자가 이것을 강조한 의도는 무엇이며, 여기에 담긴 의미를 생각해보세요.

• 창 15:13~21

6 다음 글을 읽고 인간의 연약함을 하나님의 나라를 세우는 강력한 도구로 사용하시는 은혜에 대해서 생각해보세요.

중국의 위대한 선교사 허드슨 테일러는 "많은 그리스도인들은 자신의 자원에 비추어 난관을 측정하며, 그렇기 때문에 시도조차 하지 않고 항상 실패로 끝내버린다. 그러나 모든 위인들은 그들과 함께하시는 하나님의 능력과 그분의 임재하심에 의지함으로써 하나님을 위한 놀라운 사역을 해낸 연약한 사람들이었다"고 말했습니다.
강영우 박사가 2011년에 췌장암 말기 판정을 받고 하나님의 부름을 받았습니다. 그가 췌장암 말기 판정을 받았을 때에 남은 삶은 길어야 두 달 정도밖에 안 되었습니다. 강 박사는 성탄절 직전에 지인들에게 보낸 편지에서 "하나님의 은혜로 복되고 감사한 한평생을 살았다"고 회고합니다. 자신은 "누구보다도 행복하고 복받은 삶을 살았고, 끝까지 하나님이 주신 복으로 이렇게 하나둘 주변을 정리하고 사랑하는 사람들에게 작별인사 할 시간을 허락해주셨다"며 감사했습니다. 그는 장애를 저주로 생각하고 원망하고 불평하는 삶을 살지 않고 합력하여 선을 이루시는 하나님을 믿었고, 그 결과 수많은 사람들에게 신앙인으로서 선한 영향력을 끼쳤습니다.

7 “돌아보면 모든 것이 하나님의 은혜요 하나님의 인도하심입니다.” 이것이 오늘 본문 속에 흐르는 성경 기자의 고백입니다. “모든 원수들을 이스라엘의 손에 넘겨주셨다”(44절), “이스라엘 족속에게 말씀하신 선한 말씀이 하나도 남음이 없이 다 응하였다”(45절)는 말씀은 오늘날 우리에게도 주시는 하나님의 메시지입니다. 이 말씀에 당신의 삶을 비추어보면 어떤 생각이 듭니까? 당신의 삶 속에 하나님께서 말씀하신 바를 다 이루시도록 당신이 신앙적으로 결심할 것은 무엇입니까?

삶의 열매를 거두며

하나님께서는 잘못을 행하여 흩어질 운명에 처한 레위 지파를 긍휼히 여기시고 그들의 부족함을 하나님의 사역을 감당하는 능력의 도구로 삼았습니다. 그러므로 누구도 더 이상 자신의 부족함 때문에 하나님의 일을 하지 못한다는 변명을 할 수 없습니다. 나의 부족함을 넘어 언제나 나의 부족함을 하나님의 능력의 도구로 사용하시는 하나님께 감사하며 우리의 부족함까지도 쓰임받을 수 있도록 헌신의 기도를 드립시다.

Lesson 22

신앙의 갈등 어떻게 풀어야 하나

여호수아 22:1~34

1 그때에 여호수아가 르우벤 사람과 갓 사람과 므낫세 반 지파를 불러서
2 그들에게 이르되 여호와의 종 모세가 너희에게 명령한 것을 너희가 다 지키
며 또 내가 너희에게 명령한 모든 일에 너희가 내 말을 순종하여
3 오늘까지 날이 오래도록 너희가 너희 형제를 떠나지 아니하고 오직 너희의
하나님 여호와께서 명령하신 그 책임을 지키도다
4 이제는 너희의 하나님 여호와께서 이미 말씀하신 대로 너희 형제에게 안식
을 주셨으니 그런즉 이제 너희는 여호와의 종 모세가 요단 저쪽에서 너희에
게 준 소유지로 가서 너희의 장막으로 돌아가되
5 오직 여호와의 종 모세가 너희에게 명령한 명령과 율법을 반드시 행하여 너
희의 하나님 여호와를 사랑하고 그의 모든 길로 행하며 그의 계명을 지켜
그에게 친근히 하고 너희의 마음을 다하며 성품을 다하여 그를 섬길지니라
하고
6 여호수아가 그들에게 축복하여 보내매 그들이 자기 장막으로 갔더라

…

10 르우벤 자손과 므낫세 반 지파가 가나안 땅 요단 언덕가에 이르자 거기서 요
단 가에 제단을 쌓았는데 보기에 큰 제단이었더라
11 이스라엘 자손이 들은즉 이르기를 르우벤 자손과 갓 자손과 므낫세 반 지파
가 가나안 땅의 맨 앞쪽 요단 언덕가 이스라엘 자손에게 속한 쪽에 제단을
쌓았다 하는지라
12 이스라엘 자손이 이를 듣자 곧 이스라엘 자손의 온 회중이 실로에 모여서
그들과 싸우러 가려 하니라

13 이스라엘 자손이 제사장 엘르아살의 아들 비느하스를 길르앗 땅으로 보내어 르
우벤 자손과 갓 자손과 므낫세 반 지파를 보게 하되
…
17 브올의 죄악으로 말미암아 여호와의 회중에 재앙이 내렸으나 오늘까지 우리가 그
죄에서 정결함을 받지 못하였거늘 그 죄악이 우리에게 부족하여서
18 오늘 너희가 돌이켜 여호와를 따르지 아니하려고 하느냐 너희가 오늘 여호와를
배역하면 내일은 그가 이스라엘 온 회중에게 진노하시리라
19 그런데 너희의 소유지가 만일 깨끗하지 아니하거든 여호와의 성막이 있는 여호와
의 소유지로 건너와 우리 중에서 소유지를 나누어 가질 것이니라 오직 우리 하나
님 여호와의 제단 외에 다른 제단을 쌓음으로 여호와를 거역하지 말며 우리에게
도 거역하지 말라
20 세라의 아들 아간이 온전히 바친 물건에 대하여 범죄 하므로 이스라엘 온 회중에
진노가 임하지 아니하였느냐 그의 죄악으로 멸망한 자가 그 한 사람만이 아니었
느니라 하니라
…
26 우리가 말하기를 우리가 이제 한 제단 쌓기를 준비하자 하였노니 이는 번제를 위
함도 아니요 다른 제사를 위함도 아니라
27 우리가 여호와 앞에서 우리의 번제와 우리의 다른 제사와 우리의 화목제로 섬기
는 것을 우리와 너희 사이와 우리의 후대 사이에 증거가 되게 할 뿐으로서 너희
자손들이 후일에 우리 자손들에게 이르기를 너희는 여호와께 받을 분깃이 없다
하지 못하게 하려 함이라
28 우리가 말하였거니와 만일 그들이 후일에 우리에게나 우리 후대에게 이같이 말
하면 우리가 말하기를 우리 조상이 지은 여호와의 제단 모형을 보라 이는 번제를
위한 것도 아니요 다른 제사를 위한 것도 아니라 오직 우리와 너희 사이에 증거
만 되게 할 뿐이라
29 우리가 번제나 소제나 다른 제사를 위하여 우리 하나님 여호와의 성막 앞에 있는
제단 외에 제단을 쌓음으로 여호와를 거역하고 오늘 여호와를 따르는 데에서 돌
아서려는 것은 결단코 아니라 하리라
30 제사장 비느하스와 그와 함께한 회중의 지도자들 곧 이스라엘 천천의 수령들이
르우벤 자손과 갓 자손과 므낫세 자손의 말을 듣고 좋게 여긴지라
31 제사장 엘르아살의 아들 비느하스가 르우벤 자손과 갓 자손과 므낫세 자손에게
이르되 우리가 오늘 여호와께서 우리 중에 계신 줄을 아노니 이는 너희가 이 죄
를 여호와께 범하지 아니하였음이니라 너희가 이제 이스라엘 자손을 여호와의

손에서 건져내었느니라 하고
32 제사장 엘르아살의 아들 비느하스와 지도자들이 르우벤 자손과 갓 자손을 떠나
길르앗 땅에서 가나안 땅 이스라엘 자손에게 돌아와 그들에게 보고하매
33 그 일이 이스라엘 자손을 즐겁게 한지라 이스라엘 자손이 하나님을 찬송하고 르
우벤 자손과 갓 자손이 거주하는 땅에 가서 싸워 그것을 멸하자 하는 말을 다시
는 하지 아니하였더라
34 르우벤 자손과 갓 자손이 그 제단을 엣이라 불렀으니 우리 사이에 이 제단은 여
호와께서 하나님이 되시는 증거라 함이었더라

마음의 문을 열며

죄성을 가진 인간은 갈등하는 존재입니다. 왜냐하면 죄의 태생이 하나님과 인간을 반목시키는 것에서 시작되었기 때문입니다. 선악과로 인한 아담과 하와의 갈등에서부터 심지어 예수님을 따르던 제자들에게도 갈등은 존재했고, 현대에 와서는 구성원이 다양해진 만큼 갈등도 각양각색의 파열음을 쏟아내고 있습니다.

갈등은 개인과 사회의 에너지를 고갈시키는 가장 큰 원인 중의 하나입니다. 부부간의 갈등으로 가정의 에너지가 고갈되고, 이념과 계층과 세대 간의 갈등으로 사회의 에너지가 급속하게 말라가고 있습니다. 갈등은 불신을 주된 먹이로 삼습니다. 그래서 사회가 신앙에서 멀어지는 세속화가 진행될수록 갈등이 더 크게 나타나는 것은 당연한 일입니다.

죄는 세상을 갈등으로 몰아가지만, 하나님의 방식은 단연코 화목입니다. 화목은 예수님께서 이 땅에 오셔서 십자가를 지신 목적이기도 합니다. 오늘 본문처럼 신앙 공동체에서도 일시적으로 갈등이 일어날 수 있지만, 하나님을 심판자로 삼기만 하면 화해의 길이 열릴 수 있습니다. 말씀을 통해 삶을 갉아먹고 소진시키는 갈등을 치유하고 찬양의 자리까지 올라서는 능력을 얻기 바랍니다.

말씀의 씨를 뿌리며

1 여호수아는 가나안 정복이 끝나자 그동안 형제 지파를 도왔던 르우벤과 갓과 므낫세 반 지파의 충성을 칭찬하고 축복하며 요단 동편 집으로 돌아가도록 합니다. 그러나 얼마 지나지 않아 요단 서편 지파들은 두 지파 반에 대한 이상한 소문을 듣고 급기야 그들과 전쟁을 벌이려 군사를 소집합니다. 요단 서편 사람들을 격동시켰던 소문의 내용은 무엇입니까?

• 11~12절

2 요단 서편 지파 사람들이 요단 동편 지파가 요단 강 근처에 제단을 쌓았다는 소식을 듣고 위기의식을 가진 것은 터무니없는 것이 아니었습니다. 오히려 충분히 역사적 근거를 가지고 있습니다. 요단 서편 사람들이 왜 그토록 위기를 느꼈는지 두 가지 역사적 사실에 비추어 설명해보세요.

• 17~20절

3 요단 강 서편에 속한 지파 사람들은 동편 지파 사람들과 전쟁을 하기 전에 먼저 소문의 진위를 밝히기 위해서 사절단을 보냅니다. 그렇다면 동편 사람들이 요단 강가에 제단을 세운 이유는 무엇입니까?

• 26~29절

4 요단 서편 사람들이 전쟁을 시작하기 전에 사절단을 보내어 요단 동편과 충분한 의사소통으로 오해를 풀고 있습니다. 서편과 동편의 지파들이 서로 간에 충분히 의사소통을 했다는 것을 어떻게 알 수 있습니까?

• 33절

5 사실 요단 동편 지파와 서편 지파 간의 갈등은 오늘날 교회 내에서, 성도 간에도 일어날 수 있습니다. 오해로 인해 갈등했지만, 소통으로 갈등이 해소된 경험이 있다면 나누어보고, 갈등 해소에 실패했다면 그 이유가 무엇이었는지 함께 고민해봅시다.

6 다음 글을 읽고 신앙인으로서 갈등의 유발자가 아니라 화해의 중재자가 된다는 것이 무슨 뜻인지 생각해보세요.

마이클 웰스는 "분노란 테니스 경기의 공과 같습니다. 양쪽의 경기자가 그 공을 계속 받아치기 시작하면 공의 속도는 증가하고 마침내 한쪽이 패해야 끝이 납니다"라고 말했습니다.
갈등을 해결하는 길은 피하는 것도, 싸우는 것도 아니라 직면하는 것입니다. 갈등에 맞서 싸우는 것과 갈등을 직면하는 것은 전혀 다릅니다. 갈등과 싸우는 것은 상대를 혹은 문제를 부정적으로 보고 그것을 없애는 데 집중하지만, 갈등에 직면하는 것은 상대나 문제를 긍정적으로 보고 더불어 해결책을 모색하는 데 있습니다. 우리는 때로 갈등을 일으키는 문제와 싸우는 데 집중하느라, 갈등을 해결하는 것에는 소홀히 할 때가 있습니다.
우리가 갈등과 싸우지 말고 직면해야 하는 이유가 있습니다. 갈등은 염려와 두려움을 먹고 사는 존재이기 때문에 직면하지 않으면 갈등은 점점 더 커 보입니다. 그러나 우리가 갈등을 긍정적으로 직면하는 순간 문제는 염려와 두려움의 거품이 제거된 채 본래의 크기로 모습을 드러내게 됩니다. 비로소 해결의 길이 열리는 것입니다.

7 요단 동편 사람들이 제단을 세운 의도나, 그 제단을 세웠던 요단 동편 지파를 멸하려는 서편 지파의 의도는 모두 하나님을 위한다는 선한 목적을 가지고 있었습니다. 그러나 그런 선한 의도에도 불구하고 서로 간에 엄청난 갈등이 생겨 자칫하면 큰 전쟁의 불행을 가져올 수도 있었습니다.
보다 중요한 것은 선한 의도가 아니라, 서편 지파처럼 그 선한 의도를 하나님의 방식으로 해결하려는 의지요 실천입니다. 당신은 교회 내의 '갈등 유발자'가 아니라 '화해의 중재자'로서 어떤 결심과 실천을 할 수 있습니까?

삶의 열매를 거두며

갈등은 본능적인 반응이기 때문에 지식으로 해결될 수 없습니다. 말씀을 통해 해결방식을 배웠다고 해도 그것을 삶으로 실천하는 것은 또 다른 문제입니다. 갈등의 해결은 "심판은 주께 있다"(히 10:30)는 말씀을 우리의 몸에 새기는 것입니다. 어떤 경우에도 내가 해결자가 아니라 주님을 심판자로 모실 수 있고, 갈등의 유발자가 아니라 화해의 중재자가 되기를 소원하는 결단의 기도를 드립시다.

Lesson 23

생명의 길과 멸망의 길

여호수아 23:1~16

1 여호와께서 주위의 모든 원수들로부터 이스라엘을 쉬게 하신 지 오랜 후에
여호수아가 나이 많아 늙은지라
2 여호수아가 온 이스라엘 곧 그들의 장로들과 수령들과 재판장들과 관리들을
불러다가 그들에게 이르되 나는 나이가 많아 늙었도다
3 너희의 하나님 여호와께서 너희를 위하여 이 모든 나라에 행하신 일을 너희
가 다 보았거니와 너희의 하나님 여호와 그는 너희를 위하여 싸우신 이시니라
4 보라 내가 요단에서부터 해 지는 쪽 대해까지의 남아 있는 나라들과 이미 멸
한 모든 나라를 내가 너희를 위하여 제비 뽑아 너희의 지파에게 기업이 되게
하였느니라
5 너희의 하나님 여호와 그가 너희 앞에서 그들을 쫓아내사 너희 목전에서 그
들을 떠나게 하시리니 너희의 하나님 여호와께서 너희에게 말씀하신 대로 너
희가 그 땅을 차지할 것이라
6 그러므로 너희는 크게 힘써 모세의 율법책에 기록된 것을 다 지켜 행하라 그
것을 떠나 우로나 좌로나 치우치지 말라
7 너희 중에 남아 있는 이 민족들 중에 들어가지 말라 그들의 신들의 이름을
부르지 말라 그것들을 가리켜 맹세하지 말라 또 그것을 섬겨서 그것들에게
절하지 말라
8 오직 너희의 하나님 여호와께 가까이하기를 오늘까지 행한 것같이 하라
9 이는 여호와께서 강대한 나라들을 너희의 앞에서 쫓아내셨으므로 오늘까지
너희에게 맞선 자가 하나도 없었느니라

10 너희 중 한 사람이 천 명을 쫓으리니 이는 너희의 하나님 여호와 그가 너희에게
말씀하신 것같이 너희를 위하여 싸우심이라
11 그러므로 스스로 조심하여 너희의 하나님 여호와를 사랑하라
12 너희가 만일 돌아서서 너희 중에 남아 있는 이 민족들을 가까이하여 더불어 혼인
하며 서로 왕래하면
13 확실히 알라 너희의 하나님 여호와께서 이 민족들을 너희 목전에서 다시는 쫓아
내지 아니하시리니 그들이 너희에게 올무가 되며 덫이 되며 너희의 옆구리에 채찍
이 되며 너희의 눈에 가시가 되어서 너희가 마침내 너희의 하나님 여호와께서 너
희에게 주신 이 아름다운 땅에서 멸하리라
14 보라 나는 오늘 온 세상이 가는 길로 가려니와 너희의 하나님 여호와께서 너희에
게 대하여 말씀하신 모든 선한 말씀이 하나도 틀리지 아니하고 다 너희에게 응하
여 그중에 하나도 어김이 없음을 너희 모든 사람은 마음과 뜻으로 아는 바라
15 너희의 하나님 여호와께서 너희에게 말씀하신 모든 선한 말씀이 너희에게 임한
것같이 여호와께서 모든 불길한 말씀도 너희에게 임하게 하사 너희의 하나님 여
호와께서 너희에게 주신 이 아름다운 땅에서 너희를 멸절하기까지 하실 것이라
16 만일 너희가 너희의 하나님 여호와께서 너희에게 명령하신 언약을 범하고 가서
다른 신들을 섬겨 그들에게 절하면 여호와의 진노가 너희에게 미치리니 너희에게
주신 아름다운 땅에서 너희가 속히 멸망하리라 하니라

마음의 문을 열며

한 사람의 지나온 삶의 궤적을 돌아보면 그가 어떤 길로 갔는지 알 수 있습니다. 세상은 삶의 형편과 처지에 따라 각양각색의 길이 있을 수 있지만, 하나님 앞에서는 생명의 길과 멸망의 길, 두 길밖에 없습니다. 중요한 것은 삶의 끝자락에서는 그 누구도 지나온 길을 되돌리지 못한다는 것입니다.

이제 여호수아는 그의 한 생애 마지막 순간에 지나온 길을 돌아보면서 이스라엘 지도자들에게 유언처럼 말합니다. “내가 걸어온 길은 생명의 길이다. 여호와를 떠나는 길은 멸망의 길이다. 생명의 길은 오직 하나님의 말씀을 청종하는 데 있다.”

말씀 속에서 여호수아가 파란만장한 생애를 살면서도 어떻게 한결같이 하나님을 붙잡고 살 수 있었는지, 또 하나님의 말씀을 청종하는 것에 생명의 길이 있음을 그토록 강조하는 이유는 무엇인지 깊이 생각하는 시간이 되기를 바랍니다.

말씀의 씨를 뿌리며

1 여호수아는 이제 그의 시간이 얼마 남지 않음을 예감하면서 이스라엘 지도자들에게 고별 설교를 합니다. 여호수아는 지금까지 자신과 이스라엘과 함께하신 하나님을 어떤 분으로 표현하고 있습니까?

• 3절

• 5절

• 14절

2 여호수아는 지금까지 이스라엘을 위해 싸우신 하나님을 회상하면서 이스라엘의 미래에도 함께하실 것을 강조하고 있습니다. 여호수아는 이러한 놀라운 하나님의 은혜에 대해 이스라엘 백성들이 어떻게 반응해야 한다고 권면하고 있습니까?

• 6~8절

3 하나님께서 이스라엘을 택하시고 그들을 위해 싸워주셨지만, 만일 이스라엘 백성들이 하나님의 명령을 어기고 이방 신들에게 절하면 어떤 일이 일어날 것이라고 경고하고 있습니까? 이 사실에서 우리는 하나님이 어떤 분이시라는 것을 알 수 있습니까?

• 12~13절

• 16절

4 지금 여호수아가 일생 동안 경험한 하나님을 한마디로 표현하면 말씀하신 것은 반드시 이루시는 신실하신 하나님입니다. 이것은 여호수아서에 가장 많이 등장하는 어구가 "여호와께서 말씀하신 대로", "말씀하신 것처럼"이라는 표현에서 알 수 있습니다. 여호수아에게 하나님은 언제나 말씀하신 대로, 말씀하신 것처럼 틀림없이 이루시는 하나님입니다. 그렇다면 당신이 지금까지 경험했고, 고백하는 하나님은 어떤 분입니까? 그렇게 생각하는 이유는 무엇입니까?

• 수 21:45

• 수 23:10

5 이스라엘 지도자에 대한 여호수아의 고별 설교는 두 가지로 요약할 수 있습니다. "하나님의 말씀에 믿음으로 순종하면 축복과 생명의 길을 갈 것이고, 하나님의 말씀에 불순종하면 심판과 멸망의 길이 뒤따를 것이다." 이 원리에는 선택받은 이스라엘 백성들도 예외일 수 없습니다. 어느 길을 선택할지는 전적으로 우리에게 달려 있습니다. 축복과 생명의 길을 가기 위해서 지금 당신에게 가장 필요한 순종의 영역은 무엇입니까?

6 다음 글을 읽고 신앙인이 하나님의 명령에 순종한다는 것이 삶의 현장에서 무엇을 의미하는지 생각해보세요.

올해 33세의 의사로서 켄트 브랜틀리(Kent Brantly)는 '사마리아인의 지갑(Samaritan's Purse)' 소속으로 의료 선교를 위해서 아프리카의 라이베리아로 가게 되었다. 당시 라이베리아는 치사율이 90퍼센트에 이르는 에볼라가 확산 일로에 있었다. 그는 에볼라 바이러스에 감염된 사람들을 치료했는데, 그 와중에 자신도 에볼라 바이러스에 감염되었다. 그에 대해서 "왜 그렇게 위험한 곳에 선교를 가서 나라를 어려움에 빠뜨렸느냐"는 비판의 목소리가 제기되었다. 켄트의 선교 방식에 불만을 품은 미국 보수계의 한 논객은 켄트에 대해 "자아도취와 소명 영웅주의에 빠진 얼간이"라고 비난하면서 "대체 왜 아프리카에 간 것인가? 치사율 90퍼센트의 에볼라의 위험을 무릅쓰고 굳이 아프리카로 간 이유가 무엇인가? 미국에서는 매년 15,000명이 살해되고, 38,000명이 약물과다로 죽는다. 그럼에도 켄트가 그곳에 간 것은 더 이상 미국에서는 그리스도를 섬길 수 없기 때문인가"라고 비판했다.
남침례교 신학교 총장인 알버트 몰러(Albert Mohler)는 켄트에 대한 비판에 대해서 "그들은 그리스도의 명령에 순종해서 간 것"이라고 말했다.

7 신앙인의 일생 동안 어떤 삶을 살았는지를 명확하게 드러내는 두 가지 질문이 있습니다. 첫째는 '하나님은 내게 어떤 분이었는가?' 둘째는 '나는 하나님께 어떤 사람이었는가?'
여호수아에게 하나님은 '말씀하신 대로 이루시는 신실하신 분'이었습니다. 하나님께 여호수아는 그의 '명령대로 순종하는 사람'이었습니다. 이스라엘 백성의 지도자로서 한 민족의 무게가 담긴 여호수아의 간절한 권면과 경고에 귀를 열어 우리의 심비에 새겨야 합니다. 2번 문제를 다시 생각하면서, 당신의 심비에 새겨야 할 권면은 무엇입니까? 그 권면을 따르기 위한 당신의 결심을 나누어보세요.

삶의 열매를 거두며

당신의 한 생애가 어떻게 기억되기 원합니까? 세상의 눈이 아니라 하나님 앞에서 말입니다. 변덕스러운 세상이 평가하고 기억하는 것은 그렇게 중요하지 않습니다. 불변하신 하나님의 평가는 두렵지만 진짜입니다. 우리가 일생 동안 한결같이 하나님을 선택하기 위해서는 여호수아처럼 믿음의 모험을 감행하면서 하나님의 신실하심을 삶으로 경험해야 합니다. 하나님의 신실하심에 우리의 일생을 맡기겠다는 결단의 기도를 드립시다.

Lesson 24

너희 섬길 자를 선택하라

여호수아 24:1~28

1 여호수아가 이스라엘 모든 지파를 세겜에 모으고 이스라엘 장로들과 그들의
수령들과 재판장들과 관리들을 부르매 그들이 하나님 앞에 나와 선지라
2 여호수아가 모든 백성에게 이르되 이스라엘의 하나님 여호와께서 이같이 말
씀하시기를 옛적에 너희의 조상들 곧 아브라함의 아버지, 나홀의 아버지 데
라가 강 저쪽에 거주하여 다른 신들을 섬겼으나
3 내가 너희의 조상 아브라함을 강 저쪽에서 이끌어내어 가나안 온 땅에 두루
행하게 하고 그의 씨를 번성하게 하려고 그에게 이삭을 주었으며
4 이삭에게는 야곱과 에서를 주었고 에서에게는 세일 산을 소유로 주었으나
야곱과 그의 자손들은 애굽으로 내려갔으므로
5 내가 모세와 아론을 보내었고 또 애굽에 재앙을 내렸나니 곧 내가 그들 가운
데 행한 것과 같고 그 후에 너희를 인도하여 내었노라
6 내가 너희의 조상들을 애굽에서 인도하여 내어 바다에 이르게 한즉 애굽 사
람들이 병거와 마병을 거느리고 너희의 조상들을 홍해까지 쫓아오므로
7 너희의 조상들이 나 여호와께 부르짖기로 내가 너희와 애굽 사람들 사이에
흑암을 두고 바다를 이끌어 그들을 덮었나니 내가 애굽에서 행한 일을 너희
의 눈이 보았으며 또 너희가 많은 날을 광야에서 거주하였느니라
8 내가 또 너희를 인도하여 요단 저쪽에 거주하는 아모리 족속의 땅으로 들어
가게 하매 그들이 너희와 싸우기로 내가 그들을 너희 손에 넘겨주매 너희가
그 땅을 점령하였고 나는 그들을 너희 앞에서 멸절시켰으며
9 또한 모압 왕 십볼의 아들 발락이 일어나 이스라엘과 싸우더니 사람을 보내
어 브올의 아들 발람을 불러다가 너희를 저주하게 하려 하였으나

10 내가 발람을 위해 듣기를 원하지 아니하였으므로 그가 오히려 너희를 축복하였고
나는 너희를 그의 손에서 건져내었으며
11 너희가 요단을 건너 여리고에 이른즉 여리고 주민들 곧 아모리 족속과 브리스 족
속과 가나안 족속과 헷 족속과 기르가스 족속과 히위 족속과 여부스 족속이 너
희와 싸우기로 내가 그들을 너희의 손에 넘겨주었으며
12 내가 왕벌을 너희 앞에 보내어 그 아모리 족속의 두 왕을 너희 앞에서 쫓아내게
하였나니 너희의 칼이나 너희의 활로써 이같이 한 것이 아니며
13 내가 또 너희가 수고하지 아니한 땅과 너희가 건설하지 아니한 성읍들을 너희에
게 주었더니 너희가 그 가운데에 거주하며 너희는 또 너희가 심지 아니한 포도원
과 감람원의 열매를 먹는다 하셨느니라
14 그러므로 이제는 여호와를 경외하며 온전함과 진실함으로 그를 섬기라 너희의 조
상들이 강 저쪽과 애굽에서 섬기던 신들을 치워버리고 여호와만 섬기라
15 만일 여호와를 섬기는 것이 너희에게 좋지 않게 보이거든 너희 조상들이 강 저쪽
에서 섬기던 신들이든지 또는 너희가 거주하는 땅에 있는 아모리 족속의 신들이
든지 너희가 섬길 자를 오늘 택하라 오직 나와 내 집은 여호와를 섬기겠노라 하니
16 백성이 대답하여 이르되 우리가 결단코 여호와를 버리고 다른 신들을 섬기기를
하지 아니하오리니
17 이는 우리 하나님 여호와께서 친히 우리와 우리 조상들을 인도하여 애굽 땅 종
되었던 집에서 올라오게 하시고 우리 목전에서 그 큰 이적들을 행하시고 우리가
행한 모든 길과 우리가 지나온 모든 백성들 중에서 우리를 보호하셨음이며
18 여호와께서 또 모든 백성들과 이 땅에 거주하던 아모리 족속을 우리 앞에서 쫓아
내셨음이라 그러므로 우리도 여호와를 섬기리니 그는 우리 하나님이심이니이다
하니라
19 여호수아가 백성에게 이르되 너희가 여호와를 능히 섬기지 못할 것은 그는 거룩
하신 하나님이시요 질투하시는 하나님이시니 너희의 잘못과 죄들을 사하지 아니
하실 것임이라
20 만일 너희가 여호와를 버리고 이방 신들을 섬기면 너희에게 복을 내리신 후에라
도 돌이켜 너희에게 재앙을 내리시고 너희를 멸하시리라 하니
21 백성이 여호수아에게 말하되 아니니이다 우리가 여호와를 섬기겠나이다 하는지라
22 여호수아가 백성에게 이르되 너희가 여호와를 택하고 그를 섬기리라 하였으니 스
스로 증인이 되었느니라 하니 그들이 이르되 우리가 증인이 되었나이다 하더라
23 여호수아가 이르되 그러면 이제 너희 중에 있는 이방 신들을 치워버리고 너희의
마음을 이스라엘의 하나님 여호와께로 향하라 하니

24 백성이 여호수아에게 말하되 우리 하나님 여호와를 우리가 섬기고 그의 목소리
를 우리가 청종하리이다 하는지라
25 그날에 여호수아가 세겜에서 백성과 더불어 언약을 맺고 그들을 위하여 율례와
법도를 제정하였더라
26 여호수아가 이 모든 말씀을 하나님의 율법책에 기록하고 큰 돌을 가져다가 거기
여호와의 성소 곁에 있는 상수리나무 아래에 세우고
27 모든 백성에게 이르되 보라 이 돌이 우리에게 증거가 되리니 이는 여호와께서 우
리에게 하신 모든 말씀을 이 돌이 들었음이니라 그런즉 너희가 너희의 하나님을
부인하지 못하도록 이 돌이 증거가 되리라 하고
28 백성을 보내어 각기 기업으로 돌아가게 하였더라

마음의 문을 열며

'아는 것'과 그것을 삶으로 '실천하는 것'은 다릅니다. 신앙생활의 많은 괴리가 여기에서 비롯됩니다. 말씀을 안다고 말은 하지만, 실제 삶에서는 "세상의 염려와 재물의 유혹에 말씀이 막혀"(마 13:22) 실천으로 이어지지는 못하는 것이 현실입니다. 어떻게 하면 교인들이 머리로 아는 말씀을 삶 속에서 실천하게 할까 하는 고민은 모든 목회자의 숙제일 것입니다. 이 문제는 이제 남은 생애가 얼마 되지 않는 여호수아에게도 세상을 떠나기 전에 이스라엘 백성들과의 관계에서 반드시 해결해야 하는 가장 중요한 숙제였습니다.

오늘 본문은 한 민족의 운명이 결정되는 선택의 현장을 보여주고 있습니다. 여호수아는 그 선택이 '구호'가 아니라 확실한 '실천'이 될 수 있도록 거듭 요청하고 있습니다. 어떻게 하면 우리의 신앙이 삶의 실천으로 연결될 수 있을지 말씀 속에서 그 열쇠를 찾는 시간이 되기를 바랍니다.

말씀의 씨를 뿌리며

1 이스라엘 백성들은 여호수아의 마지막 고별 설교를 듣기 위해 세겜에 모였습니다. 세겜은 이스라엘에게 어떤 장소였습니까?

• 창 12:6~7

• 창 35:1~4

2 역사적으로 약속과 회복의 장소였던 세겜에 모인 이스라엘 백성들에게 여호수아는 이스라엘의 구원사를 일목요연하게 들려줍니다. 지난날을 회고하는 여호수아의 의도는 무엇일까요? 반복되는 단어를 중심으로 생각해보세요.

• 2~13절

3 하나님께서 지금까지 어떻게 이스라엘 백성들을 인도하셨는지를 말한 후에 이것을 근거로 여호수아가 이스라엘 백성들에게 요구했던 신앙의 결단은 무엇입니까? 더불어 이스라엘 백성의 신앙을 견인하고 다음 세대에 표준적 신앙을 제시하였던 여호수아의 거룩한 선택은 무엇입니까?

• 14~15절

4 이스라엘 백성들은 "하나님을 경외하며 온전함과 진실함으로 섬기라"(수 24:14)는 여호수아의 강력한 도전에 무려 네 번이나 하나님만을 섬기겠다는 맹세로 응답합니다. 여호수아가 이처럼 여러 차례 이스라엘 백성들에게 신앙적인 도전을 하면서 그들의 마음에 하나님만을 섬기겠다는 결단을 반복적으로 하게 한 이유는 어떤 염려 때문일까요?

• 20절

• 23절

5 이스라엘 백성들에게 주어진 여호수아의 반복된 도전은 바로 하나님께서 우리에게 주시는 도전이기도 합니다. 세상은 우리의 눈을 더욱 유혹하면서 우리의 정신을 혼미케 하고 있습니다. 여기에 대해 여호수아는 우리가 섬기는 하나님은 "거룩하시며 질투하시는 하나님"(19절)이라고 정신이 번쩍 들게 하는 도전을 하고 있습니다. 특별히 질투하시는 하나님이라는 말씀이 우리 각자의 삶에 주는 도전은 무엇입니까? 지금 당신에게 하나님의 질투를 유발시키는 세상을 사랑하는 마음이 있는지 돌아보고 어떻게 처리할지 결심을 말해보세요.

6 다음 글을 읽고 하나님을 섬기기로 선택한 사람이라면 취해야 할 삶의 태도에 대해 생각해보세요.

바른 믿음의 선택을 위해 우리가 무엇을 버리고 무엇을 취해야 하는가에 대해서는 히브리서 11장 24~26절이 잘 보여줍니다. "믿음으로 모세는 장성하여 바로의 공주의 아들이라 칭함 받기를 거절하고 도리어 하나님의 백성과 함께 고난받기를 잠시 죄악의 낙을 누리는 것보다 더 좋아하고 그리스도를 위하여 받는 수모를 애굽의 모든 보화보다 더 큰 재물로 여겼으니 이는 상 주심을 바라봄이라."
모세는 믿음으로 세 가지를 버렸습니다. 공주의 아들이라 칭함 받기를 거절했습니다. 세상적인 지위와 권력을 거절한 것입니다. 둘째는 죄악의 낙을 누리는 것을 거절했습니다. 세상적인 쾌락과 즐거움을 거절한 것입니다. 셋째는 애굽의 보화를 거절했습니다. 세상의 재물을 거절한 것입니다. 모세는 믿음의 순종을 위해서 세상 사람들이 환호하는 공주의 아들이 되는 것을 거절했습니다.
또한 모세는 믿음으로 세 가지를 취하였습니다. 첫째는 하나님의 백성들 편에 서는 것을 선택했습니다. 둘째는 그리스도를 위해 수치와 모욕을 받는 것을 선택했습니다. 셋째는 영원한 상급을 선택했습니다.

7 우리가 진정 하나님만 섬기기로 선택한다면 우리에게는 그에 걸맞은 행동이 따라야 합니다. 예를 들면 하나님을 진짜 섬기기로 결심한 사람은 양다리 걸치기 식의 신앙생활을 하지 않습니다. 주변에 선한 영향력을 미치는 삶을 삽니다. 신앙인으로서 자신을 드러내는 데 당당함이 있습니다. 이것 외에도 하나님을 섬기기로 결심한 사람에게 필요한 모습은 무엇입니까? 어떻게 하면 당신의 일상이 이런 기준에 부합하는 삶을 살 수 있을지 생각하고 나누어보세요.

삶의 열매를 거두며

우리가 제자훈련을 받는 것도, 주일예배를 통해 말씀을 듣는 것도, 다락방에 참여하는 것도 삶의 선택을 바르게 하기 위함입니다. 더욱 중요한 것은 그 바른 선택을 실천으로 옮기는 것입니다. 오늘 나눈 말씀을 기억하면서 나의 신앙적 선택이 확고한 실천으로 이어지지 못한 것을 회개하고, 신앙적 선택이 확고한 실천으로 이어질 수 있도록 결단의 기도를 드립시다.

Lesson 25

풍성한 생명, 후회 없는 삶

여호수아 24:29~33

29 이 일 후에 여호와의 종 눈의 아들 여호수아가 백십 세에 죽으매
30 그들이 그를 그의 기업의 경내 딤낫 세라에 장사하였으니 딤낫 세라는 에브
라임 산지 가아스 산 북쪽이었더라
31 이스라엘이 여호수아가 사는 날 동안과 여호수아 뒤에 생존한 장로들 곧 여
호와께서 이스라엘을 위하여 행하신 모든 일을 아는 자들이 사는 날 동안
여호와를 섬겼더라
32 또 이스라엘 자손이 애굽에서 가져온 요셉의 뼈를 세겜에 장사하였으니 이
곳은 야곱이 백 크시타를 주고 세겜의 아버지 하몰의 자손들에게서 산 밭
이라 그것이 요셉 자손의 기업이 되었더라
33 아론의 아들 엘르아살도 죽으매 그들이 그를 그의 아들 비느하스가 에브라
임 산지에서 받은 산에 장사하였더라

마음의 문을 열며

한 사람의 생애는 세상의 비석 위에 새겨지는 말로 판단되는 것이 아니라, 하나님의 생명책에 어떻게 기록되느냐로 결정됩니다. 세상적으로는 열 권의 책으로도 다 기록할 수 없는 사람이라도 하나님 앞에서는 한 줌의 먼지에 불과한 평가를 받는 사람이 있습니다. 세상에서는 기억되지 않지만 하나님의 나라에서는 기둥 같은 사람이 있습니다.

여호수아서의 마지막은 세 사람의 죽음으로 마무리되고 있습니다. 여기에는 단순히 연대기적으로 한 사람의 인생을 정리하는 것을 넘어 성경 기자의 의도가 있습니다. 어떤 삶을 사는 것이 하나님께서 원하시는 삶인지를 보여줄 뿐 아니라, 우리에게도 이들의 삶을 본보기로 주신 것입니다. 이들의 삶은 세상이 요구하고 칭찬하는 수준을 넘어 어떻게 사는 것이 하나님께 합당한 삶인지 신앙인의 삶의 기준을 제시하고 있습니다. 세 사람의 일생과 죽음을 생각하면서 우리가 하나님 앞에서 마땅히 살아야 할 삶을 생각하고 결심하는 시간이 되기를 바랍니다.

말씀의 씨를 뿌리며

1 모세의 뒤를 이어 이스라엘 백성을 가나안 땅으로 인도하였던 여호수아는 자신에게 주어진 사명을 다 마치고 한 생애를 돌아보는 지점에 이르렀습니다. 이제 모든 지파에게 약속된 땅의 분배를 마치고, 이스라엘 백성들에게 오직 하나님만 섬길 것을 강권한 여호수아는 110세의 나이로 하나님의 부르심을 받습니다. 성경은 그의 일생을 어떻게 정리하고 있습니까?

• 수 1:1

• 29절

2 400여년 전 애굽의 총리였던 요셉이 남긴 유언이 마침내 성취가 됩니다. 그가 남긴 유언은 무엇이며, 그가 이런 유언을 남긴 이유는 무엇이라고 생각합니까?

• 32절

• 창 50:24~25

• 히 11:22

3 여호수아서의 마지막 죽음으로 기록된 엘르아살은 누구이며 어떤 삶을 살았습니까?

• 민 3:4

• 민 27:18~23

• 신 10:6

• 수 14:1

4 요셉은 현실적으로 아무것도 보이지 않을 때 이미 이스라엘 민족이 하나님의 약속의 땅으로 들어갈 것을 소망의 눈으로 보았던 선지자적 인물이었습니다. 여호수아는 모세의 수종자로서 드러낼 것이 아무것도 없었던 사람이지만, 오직 하나님의 명령에 순종하여 이스라엘 민족을 가나안 땅으로 이끌었던 왕 같은 지도자였습니다. 엘르아살은 여호수아가 백성들을 이끄는 일을 힘을 다해 섬겼고 하나님께서 주신 사명을 충실하게 감당했던 제사장이었습니다.

이 세 사람의 삶에 비추어 볼 때, 이 땅에서 바른 신앙의 길을 걷기 위해 당신에게 더욱 요구되는 것은 무엇입니까?

5 요단 강을 걸어서 건너고, 여리고 성이 무너지는 것을 보았고, 태양이 골짜기에 멈추는 기적을 체험했던 순종의 세대에게 부족한 점이 있었습니다. 그것은 무엇이며 우리에게 어떤 교훈을 주는지 나누어보세요.

- **31절**

- **신 6:7**

6 다음 글을 읽고 그리스도인으로서 풍성한 생명, 후회 없는 삶을 사는 비결에 대해 생각해보세요.

누수 없는 인생은 흘러가는 인생이 아니라 채워지는 인생입니다. 존 파이퍼는 두 종류의 그리스도인이 있다고 말합니다. '심장 박동형' 그리스도인과 '아드레날린' 그리스도인. 심장박동형 그리스도인은 하나님의 말씀과 복음의 실현을 위하여 쉼 없이 뛰는 심장과 같습니다. 반면 아드레날린 그리스도인은 아드레날린 효과처럼 한순간 자신의 명분을 위해 힘이 넘쳐났다가 이내 지쳐버리고 맙니다.
성경은 "술 취하지 말라 이는 방탕한 것이니 오직 성령으로 충만함을 받으라(엡 5:18)"고 말씀했습니다. 그런데 이 말씀 앞의 16절에 "세월을 아끼라 때가 악하니라"는 말씀이 나오는 것에 주목해야 합니다. 술 취하는 사람은 세월을 낭비하는 인생을 산다는 것을 보여주며, 세월을 아끼기 위해서는 성령 충만을 받아야 한다는 의미를 담고 있습니다. 술은 세속적인 모든 중독을 의미합니다. 쾌락에 취한 사람, 돈에 취한 사람, 명예에 취한 사람, 권력에 취한 사람, 자신의 생각에 취한 사람들은 세상적으로 아무리 열심히 산다고 해도 하나님 보시기에는 인생을 낭비한 사람일 뿐입니다. 왜냐하면 하나님 앞에 설 때에 내놓을 것이 하나도 없는 인생이기 때문입니다. 그러나 성령께서 함께하시면 쓸데없는 탁상공론에 시간을 허비하지 않고, 생명력 있는 풍성한 삶을 얻는 일에 집중하게 됩니다.

7 여호수아의 인생길은 한마디로 풍성한 생명과 후회 없는 삶으로 채워진 긴 여정이라고 말할 수 있습니다. 그는 광야 같은 인생길에서 생물학적인 생명인 '비오스(BIOS)'가 아니라 영적인 생명인 '조에(ZOE)'의 삶을 살았습니다. 여호수아가 광야 같은 인생길 속에서도 풍성한 '조에의 삶'을 살았던 비결은 절대 순종에 있었습니다. 당신은 어떤 삶을 꿈꾸며 이 땅을 떠나는 그날 진정 어떻게 평가받기를 원합니까? 이를 위해 여호수아서에서 당신의 마음판에 새긴 교훈은 무엇입니까? 이를 위한 당신의 믿음의 결심을 말해보세요.

삶의 열매를 거두며

우리는 풍성한 삶을 살아갈 수도 있지만, 자칫하면 후회하는 삶을 살 수도 있습니다. 이 둘을 갈라놓는 분수령은 하나님 앞에서의 평가입니다. '모세의 종'으로 시작했던 여호수아는 '여호와의 종'으로 인생을 마칩니다. 그 비결은 한결같이 신실하신 하나님을 붙잡고 살았던 것에 있습니다. 여호수아서 다락방을 마치는 지금, 당신은 하나님께 어떤 평가를 받고 있습니까? 하나님의 생명책에 "일평생 하나님을 섬기는 삶을 살았던 예수의 사람"이라는 이름을 남길 수 있도록 다짐하고 실천하는 기도를 드립시다. 여호수아서를 통해 받은 은혜와 교훈을 나누고 서로의 신앙 여정을 기도로 축복하는 시간을 가집시다.

※ 본 교재에 사용한 예화는 다음 책의 글을 인용하거나 필요에 따라 다듬은 것입니다.

1) 에드 영, 《고품격 크리스천》, 윤관희 옮김(사랑플러스, 2003).
2) 존 메이슨, 《크리스천 생활백서》, 배응준 옮김(규장, 2006).
3) 《영적 도약의 갈망》, 브루스 윌킨슨 편집, 김창동 옮김(도서출판 디모데, 2003).
4) 튤리안 차비진, 《JESUS ALL》, 정성묵 옮김(두란노, 2013).
5) A. W. 토저, 《이것이 예배이다》, 이용복 옮김(규장, 2006).
6) 아치발트 하트, 《마음의 습관》, 윤후남 옮김(요단출판사, 1998).
7) C. H. 스펄전, 《하나님 편에 서라》, 배응준 옮김(규장, 2010).
8) 존 파이퍼, 《은혜, 구원을 딛고 삶 속으로》, 차성구 옮김(좋은씨앗, 2003).